艺术类院校
学生安全知识手册

主　　编◎佘会春
副 主 编◎周　春　刘　军　孙印常　顾新民
编写顾问◎王含光　张建安　周新娟
编　　委◎（按姓氏笔画排序）

关　涛　肖　望　何　屹　李佳贵
杨　希　赵　恒　唐　巍　徐玉珂
曹　文　童舟乐　谭　欢

中南大学出版社
www.csupress.com.cn

长　沙

图书在版编目(CIP)数据

艺术类院校学生安全知识手册 / 余会春主编.—长沙：中南大学出版社，2020.10

ISBN 978-7-5487-4119-0

Ⅰ.①艺… Ⅱ.①余… Ⅲ.①大学生－安全教育－高等职业教育－教材 Ⅳ.①G645.5

中国版本图书馆 CIP 数据核字(2020)第 148295 号

艺术类院校学生安全知识手册

余会春　主编

□责任编辑	刘　莉　郑　伟		
□责任印制	易红卫		
□出版发行	中南大学出版社		
	社址：长沙市麓山南路	邮编：410083	
	发行科电话：0731-88876770	传真：0731-88710482	
□印　　装	湖南鑫成印刷有限公司		

□开　　本	889 mm×1194 mm　1/16	□印张 4.25	□字数 102 千字		
□版　　次	2020 年 10 月第 1 版　□2020 年 10 月第 1 次印刷				
□书　　号	ISBN 978-7-5487-4119-0				
□定　　价	25.00 元				

《艺术类院校学生安全知识手册》编委会

主　　编：余会春

副 主 编：周　春　　刘　军　　孙印常　　顾新民

编写顾问：王含光　　张建安　　周新娟

编委（按姓氏笔画排列）：

关　涛　　肖　望　　何　屹　　李佳贵

杨　希　　赵　恒　　唐　巍　　徐玉珂

曹　文　　童舟乐　　谭　欢

主　编
简　介

余会春，男，1974年3月4日出生，临湘市詹桥镇人，中共党员，副教授，毕业于湖南理工学院中文系，湖南师范大学现当代文学专业硕士。近年来，先后在《大学教育科学》《高教研究》等国家级和省级学术期刊发表论文23篇；主持湖南省哲学社会科学基金资助项目课题、湖南省自然科学基金资助项目课题、湖南省科技厅青年课题3项。

序

随着我国高等教育的迅速发展，办学规模不断扩大，大学校园社会化现象日趋明显，校园安全隐患亦同步增加。而安全是每一位学生完成学业的重要保证，是每一位学生健康成长的基本条件，因此认真开展学生的安全教育工作，是高校各项工作有序开展的重要保障。

"隐患险于明火，防范胜于救灾。"艺术类学生作为高校学生的重要组成部分，思维活跃、个性鲜明，应结合他们的艺术专业特性进行安全教育，让安全教育充满艺术性。做好艺术类院校学生的安全工作，关键在于预防，为深入贯彻落实党的十九大精神，树立安全发展理念，弘扬"生命至上、安全第一"的思想，学院高度重视安全工作，强调要始终把学生的生命安全放在首位，强化红线意识。

开展学生安全教育是高等教育的基本任务，是帮助学生树立安全意识、提升国民素质和公民道德的重要途径和手段。不断加强和改进学生的安全教育管理，增强学生的安全防范意识和自我保护能力，对于保障学生的人身和财产安全，促进学生的身心健康成长，维护学校和社会的稳定具有十分重要的意义。本手册贴近艺术类院校学生、贴近生活，图文并茂、深入浅出，具有较强的针对性和可操作性，希望通过学习《艺术类院校学生安全知识手册》，每一位艺术类学生都可以学好安全知识，守护平安生活，实现心中梦想，早日成为高素质人才。

目录 CONTENTS

一、国家安全

　　有国家就有国家安全，古今中外，无论处于什么社会形态，实行怎样的社会制度，任何政权都将国家利益视为最高、最基本的利益，将维护国家和社会安全作为首要任务。"备预不虞、为国常道"，习近平在第五个全民国家安全教育日上说："以人民安全为宗旨，以政治安全为根本，走出一条中国特色国家安全道路。"因此，每位大学生都应当成为国家安全和利益的自觉拥护者。

1.国家安全的概念及国家安全观诞生之路

　　国家安全是国家的基本利益，是指维护一个国家处于没有危险的客观状态，是指国家没有外部的威胁和侵害，也没有内部的混乱和疾患的客观状态，我国关于维护国家安全的重要举措见图一：

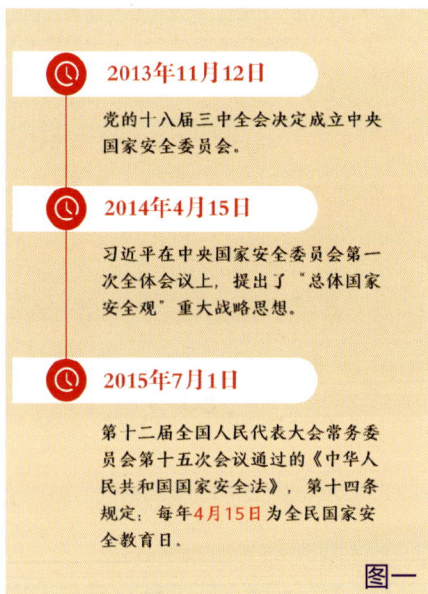

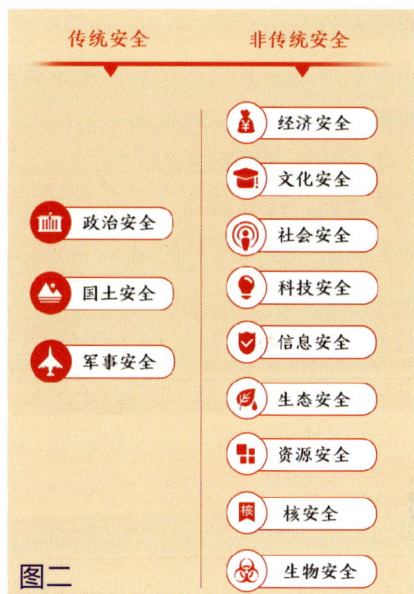

2013年11月12日
党的十八届三中全会决定成立中央国家安全委员会。

2014年4月15日
习近平在中央国家安全委员会第一次全体会议上，提出了"总体国家安全观"重大战略思想。

2015年7月1日
第十二届全国人民代表大会常务委员会第十五次会议通过的《中华人民共和国国家安全法》，第十四条规定：每年4月15日为全民国家安全教育日。

图一

传统安全　　非传统安全

政治安全　　经济安全
国土安全　　文化安全
军事安全　　社会安全
　　　　　　科技安全
　　　　　　信息安全
　　　　　　生态安全
　　　　　　资源安全
　　　　　　核安全
　　　　　　生物安全

图二

2.国家安全包括哪些主要内容？（见图二）

3.国家安全观的核心要义：

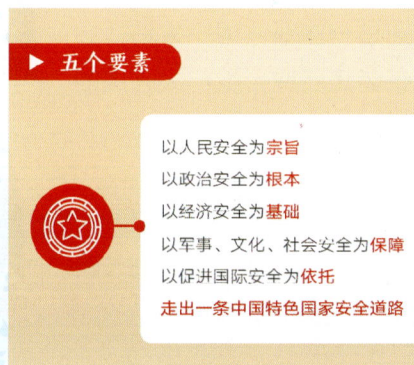

▶ 五个要素

以人民安全为宗旨
以政治安全为根本
以经济安全为基础
以军事、文化、社会安全为保障
以促进国际安全为依托
走出一条中国特色国家安全道路

4.国家安全涉及哪些法律？

刑法、国家安全法、保守国家秘密法、网络安全法、国家情报法、反间谍法、反恐怖主义法、核安全法、密码法。

5.危害国家安全的行为有哪些？

根据国家安全法，危害国家安全的行为有五个方面：

①阴谋颠覆政府、分裂国家、推翻社会主义制度的；

②参加间谍组织或者接受间谍组织及其代理人任务的；

③窃取、刺探、收买、非法提供国家秘密的；

④策动、勾引、收买国家工作人员叛变的；

⑤进行危害国家安全的其他破坏活动的。

6.如何维护国家安全？

国家的安全稳定是大学生健康生活和学习的保证，因此大学生要以维护国家安全为己任，坚决做到：

树立国家利益高于一切的观念；

掌握并遵守有关国家安全的法规；

始终保持警惕，提高鉴别力；

坚持自尊自爱，克服见利忘义；

积极配合国家安全机关工作。

> 《中华人民共和国宪法》第五十四条规定：中华人民共和国公民有维护祖国的安全、荣誉和利益的义务，不得有危害祖国的安全、荣誉和利益的行为。
>
> 国家安全一切为了人民、一切依靠人民。
> 维护国家安全既是国家责任也是公民责任。

7.发现破坏国家安全的行为怎么办？

在发现破坏国家安全的行为时，应及时报告给有关机关，可拨打**12339**向国家安全机关报告，或进入国家安全机关举报受理平台**www.12339.gov.cn**。

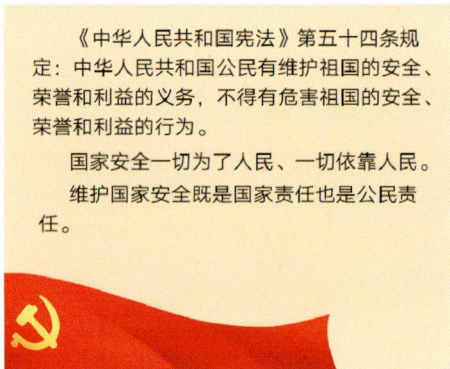

二、反对邪教组织和恐怖活动

我国的改革开放让经济社会发展呈现出巨大活力，也给我国社会管理、思想教育带来了巨大的挑战，隐形的矛盾和问题开始显现。特别是一些邪教组织大钻社会变革的空子，大肆制造、散布迷信邪说，给广大人民的生命财产安全造成了极大的伤害。

1.什么是邪教组织？

邪教组织是指冒用宗教、气功或者其他名义建立，神化首要分子，利用、制造和散布迷信邪说等手段蛊惑、蒙骗他人，发展、控制成员，危害社会的非法组织。

此图片来源：https://www.sohu.com/a/154694426_351302

2.邪教组织的特点

推行狂热的教主崇拜
实施严酷的精神控制
编造、传播以"世界末日论"为核心的歪理邪说
疯狂地敛收钱财
有严密的组织机构
对社会的和谐稳定造成严重的危害

此图片来源：百家号/文人煮茶话人文
此图片来源：http://news.cn.cn/native/gd/201412/201412/10_517064491.html
此图片来源：http://www.xjhegs.gov.cn/info/1811/12388.htm
此图片来源：https://dy.163.com/article/DREB2NUS0514O387.html

此图片来源：https://www.sohu.com/a/240221749_100020515
此图片来源：https://www.sohu.com/a/210018405_487460
此图片来源：百家号/文人煮茶话人文

3.什么是恐怖活动？

恐怖活动是指以制造社会恐慌、胁迫国家机关或者国际组织为目的，采取暴力、破坏、恐吓或其他手段，造成或意图造成人员伤亡、重大财产损失、公共设施损坏、社会秩序混乱等严重社会危害的行为。煽动、资助或者以其他方式协助实施上述活动的也属于恐怖活动。

此图片来源：https://dy.163.com/article/D8HC68V40514CT3T.html

4.恐怖活动的主要方式有哪些？

爆炸、绑架以及人质劫持、暗杀、投毒、破坏计算机信息系统等。

5.如何应对爆炸恐怖事件？

爆炸恐怖事件是恐怖分子利用各种类型的爆炸装置，以隐蔽或伪装的形式对人员或各类设施进行突然袭击，造成破坏并引起社会恐慌的恐怖活动。应对恐怖爆炸活动，我们应采取以下措施自救：

此图片来源：https://dy.163.com/article/D8HC68V40514CT3T.html

掩蔽 — 灭火 — 撤离 — 抢救 — 协助

6.如何应对绑架劫持事件？

要善于智斗、见机行事，争取时间。

在不被歹徒发觉、怀疑的情况下尽可能与外界进行联络。

被绑架人的父母亲人和公安人员一定会竭尽全力地营救，最好能把歹徒稳住，拖的时间越长越好。

此图片来源：https://dy.163.com/article/D8HC68V40514CT3T.html

三、扫黑除恶，抵制黄、赌、毒

1.扫黑除恶的意义

扫黑除恶专项斗争是以习近平同志为核心的党中央做出的重大决策，事关社会大局稳定和国家长治久安，事关人心向背和基层政权稳固，事关进行伟大斗争、建设伟大工程、促进伟大事业、实现伟大梦想。

2.扫黑除恶专项斗争五项工作措施

摸线索、打犯罪、挖"保护伞"、治源头、强组织。

3.扫黑除恶中的黑和恶是什么？

① "黑"：黑社会性质的组织

② "恶"：恶势力、恶势力犯罪集团

4.什么是黑恶势力"保护伞"？

所谓黑恶势力"保护伞"，主要是指国家公职人员利用手中权力，参与涉黑涉恶违法犯罪，或包庇、纵容黑恶犯罪，有

此图片来源：https://www.jqw.com/baoxian/detail-13131494.html

案不立、立案不查、查案不力，为黑恶势力违法犯罪提供便利条件，帮助黑恶势力逃避惩处等行为。

5.什么是黄赌毒？

黄赌毒指卖淫嫖娼、贩卖或者传播黄色信息，赌博，买卖或吸食毒品的违法犯罪现象。在中国，黄赌毒是法律严令禁止的活动，是政府主要打击的对象。黄赌毒的刑罚从拘留至死刑不等。

6.黄赌毒的危害

黄：导致社会风气败坏，引起各种各样的社会犯罪，损害身心健康，滋生一系列社会道德问题。

此图片来源：https://m.nanrenwo.net/article/143639.html

赌：容易引发贪污、挪用公款、行贿受贿等各种腐败和违法犯罪现象，影响到党的执政地位和国家的前途命运；损害健康，甚至自杀、杀人，久而久之会使人的人生观、价值观发生扭曲，甚至造成骨肉分离、妻离子散；易产生好逸恶劳、尔虞我诈、投机侥幸等不良的心态，最终毁掉前程。

毒：吸毒者会破坏自己的家庭，使家庭陷入经济破产、亲属离散，甚至家破人亡的困难境地，从而造成社会财富的巨大损失和浪费。同时毒品活动还会造成环境恶化，缩小人类的生存空间。毒品活动加剧诱发了各种违法犯罪活动，扰乱了社会治安，给社会安定带来巨大威胁。

什么是新型毒品？

所谓新型毒品是相对鸦片、海洛因等传统毒品而言的，主要是指通过人工化学合成的一类毒品。新型毒品从人们发现它的那一天起，就以一种"伪善"的面孔出现在我们面前。很多人，尤其是广大青少年错误地认为冰毒、摇头丸、K粉等新型毒品不同于鸦片、海洛因等毒品，它们不是真正的毒品，只是"娱乐消遣品"，是无害的。然而，新型毒品不但影响人们的身心健康，而且还能引发大量违法犯罪活动及多种疾病的传播流行，更影响了社会稳定和经济建设。因此，必须对全民进行关于新型毒品的知识教育，尤其是加强对青少年的教育，只有帮助青少年认识毒品的危害，自觉远离毒品，才能保证其健康成长。

冰 毒

摇头丸

麻 古

K 粉

吸食新型毒品是违法行为

吸毒损害人体健康

新型毒品的身体依赖性虽然不如海洛因等传统毒品明显，但精神依赖性很强，极易上瘾。

会对大脑神经细胞产生直接的损害作用，导致神经细胞变性、坏死，出现急慢性精神障碍。

常导致吸食者全身骨骼肌痉挛、恶性高热、脑血管损害、肾功能严重损伤、急性心肌缺血、心肌病和心律失常，有的会因高度兴奋而痉挛性收缩造成心肌断裂。

如何拒绝毒品

切莫好奇入毒网

看有人吸毒，千万不要有"试一试""抽着玩玩"的念头，一旦染毒将不能自拔。

花言巧语莫相信

抽一口就轻松了，还能治病……

不要听信毒品能治疗疾病、能解脱烦恼痛苦、能给人带来欢乐等各种花言巧语。

出入酒吧要防毒

出入舞厅、酒吧等娱乐场所，决不吸食摇头丸、K粉等兴奋剂。

提高拒毒"免疫力"

远离毒品

积极树立正确的人生观，不盲目追求享受，了解防毒知识，提高是非辨别能力。

提高警惕防诱骗

心情不好抽支烟吧……

在毫不知情的情况下易被欺骗吸毒，毒贩为扩大毒网，经常利用其无知引诱其染毒。

莫将吸毒作消遣

自从抽上第一口就上瘾了……

在苦闷、烦躁、失落的情况下千万不能以毒麻醉，消遣心情。

结交朋友须慎重

不要结交有吸毒贩毒行为的人，如发现亲友有人吸毒，一要劝阻，二要讲理，三要报警。

发现问题早处理

民警同志，咱们社区有人吸毒

社区民警

随时留意身边的亲人和朋友是否有精神低迷、孤僻诡秘、偷藏毒品等现象，一旦发现，及时报警。

图片来源：https://ibaotu.com/sucai/342223.html

小贴士

吸一次就成瘾 毒 吸毒危险

人一旦染上毒瘾，死亡必然如影相随。医学证实，吸毒成瘾的人，一般寿命不会超过40岁，除了吸毒过量中毒死亡，还可能因为循环系统、呼吸系统、消化系统、神经系统等并发症而死。最可怕的，还可能染上"超级癌症"——艾滋病。据统计，我国艾滋病患者大约有10万人，有3/4是共用针具静脉注射毒品所致。

一、火灾事故的类型

1.什么是火灾？

火灾指的是在时间、空间上失去控制的燃烧所造成的灾害。

2.火灾的分类

根据燃烧物质的不同，火灾分为A、B、C、D、E、F六类。

①A类火灾：指固体物质火灾。这种物质往往具有有机物性质，一般在燃烧时能产生灼烧的余烬。如木材、棉、毛、麻、纸、线等火灾。

②B类火灾：指液体火灾或可熔化的固体火灾。如汽油、煤油、原油、甲醇、乙醇、沥青、石蜡等火灾。

③C类火灾：指气体火灾。如煤气、天然气、甲烷、乙烷、丙烷、氢气等火灾。

④D类火灾：指金属火灾。指钾、钠、镁、铝、锆、锂、铝镁合金等火灾。

⑤E类火灾：指带电火灾。如电气线路、用电设备、器具及供电设备的火灾。

⑥F类火灾：指烹饪器具内的烹饪物火灾。如动植物油脂等燃烧引起的火灾。

二、高校火灾的预防

预防火灾的基本措施：物质燃烧必须具备以下三个基本条件——可燃物、助燃物、火源。具备以上三个基本条件，并且三者互相结合、互相作用，物质才能燃烧。例如生火炉，只有具备了木材（可燃物）、空气（助燃物）、火柴（火源）三个条件，才能使火炉点燃。一切防火灭火行为都是为了防止或终止燃烧条件互相结合作用而采取的针对性措施。那么我们主要可以采取以下**四点针对性措施：①控制可燃物；②控制助燃物；③消除着火源；④阻止火势蔓延。**

❶ 教室防火

教室是集中授课的场所，防火安全非常重要。

教室防火要做到：

（1）不携带火柴、打火机等火种进教室，更不要携带汽油、烟花、爆竹等易燃易爆物品进教室；

（2）不在教室门口逗留、玩耍、大闹，保证教室门口的畅通；

（3）最后离开教室的同学要关掉教室的电器、照明开关；

（4）发现教室中的电器设备出现异常，及时向老师报告；

（5）爱护学校的消防器材，比如走廊上的灭火器、疏散指示标志等，确保其完整好用。

② 宿舍防火

（1）安全用电：不使用劣质电器；不违规使用大功率电器；不乱拉乱接电线；人离开宿舍，要及时断电，拔掉插头。

（2）不违规使用明火：不点蜡烛，不抽烟，不焚烧杂物。

（3）保持宿舍疏散通道畅通。

（4）不将易燃易爆物品带进宿舍。

此图片来源：http://home.t56.net/archive.php?aid=11815

③ 图书馆防火

（1）严禁在图书馆内吸烟、用火；

（2）禁止携带易燃易爆以及有腐蚀性的化学物品入馆；

（3）爱护消防设施，不将灭火器材随意移动或挪作他用；

（4）发现安全隐患及时向管理人员或有关部门报告。

④ 学校礼堂、剧院、报告厅防火

（1）不携带易燃易爆品，如汽油、酒精等；

（2）不吸烟或随地丢弃烟头、火种；

（3）不使用明火照明；

（4）不随便接触礼堂、剧院、报告厅的电器设备的开关。

⑤ 专业实训室防火

（1）严格遵守实训室安全操作规范；

（2）要在老师指导下使用实训室设备；

（3）严格遵守操作规程，不用正在燃烧的酒精灯去点燃另一个酒精灯，不随便乱动或自行配置化学物品；

（4）掌握一定的消防自救知识，做好扑救初期火灾的准备；

（5）不在实训室内抽烟。

特别链接一

如何预防吸烟火灾

烟头表面温度为200℃~300℃,中心温度可达700℃~800℃，它超过了棉麻、毛织物、纸张、家具等可燃物的燃点，若烟头接触到这些可燃物，容易引起燃烧，甚至酿成火灾。

专家提示

- 要养成不躺在沙发或床上吸烟的习惯，特别是酒后尽量少吸烟或不吸烟；
- 吸烟时一定要将烟头和火柴梗熄灭，放进烟灰缸内，不要随手乱扔；
- 吸烟时，不要随手乱放燃着的香烟，要使燃着的香烟远离衣物、纸张等可燃物；
- 在不允许吸烟的禁烟区，一定要遵守制度，不可以明知故犯；
- 不要叼着香烟去搬运、翻动可燃物品，防止掉下来的烟灰引燃可燃物品。

特别链接二

高层建筑电缆井消防安全须知

　　随着城市建设发展越来越迅速，高层建筑的数量也在逐年增加。高层建筑内的电缆井、管道井等部位有可能发生火灾事故，在发生火灾时，电缆燃烧会释放出大量有毒、有害气体，形成烟囱效应，导致火势蔓延，浓烟聚集，极易造成人员伤亡。

专家提示

- 建筑物内电缆井的防火门应时刻保持锁闭状态；
- 设置在电缆井内的电气线路应采用符合国家技术标准的电缆电线；
- 电缆井内应安装火灾自动报警系统，高度100米以上的住宅和其他公共建筑应安装自动灭火系统；
- 应在电缆井内每层楼板处(包括电缆桥架内)做好防火封堵，未安装或后期改造时移除的应及时恢复；
- 严禁在电缆井内堆放可燃物、杂物、重腐蚀物等物品；
- 严禁在电缆井内私拉电线，安装各类网络Wi-Fi、信号接收器等强电设备；
- 物业管理单位(或承担相应职能的单位)应对电缆井电气线路进行全面的电气安全检测、检查和维修，及时排除线路老化、保护层损坏、短路、漏电等安全隐患，及时劝阻、制止居民在电缆井违规堆放物品和安装强电设备的行为。

电动车使用消防安全须知

电动车，即电力驱动车，又名电驱车。电动车分为交流电动车和直流电动车。通常说的电动车是以电池作为能量来源，通过控制器、电机等部件，将电能转化为机械能运动，以控制电流大小改变速度的车辆。其中，电动自行车以其价廉、便捷、环保的功能优势受到城市中低收入阶层的青睐。由于需求旺盛，近几年，中国电动自行车市场一直保持跨越式增长。与此同时，因使用不当而导致的火灾事故也随之上升，教训十分深刻。

专 家 提 示

●严禁电动车在楼梯间、前室、疏散走道等公共空间停放、充电。

●不私拉乱接电线给电动车充电，给电动车充电时，不要使用该插线板给其他的用电器充电，防止超过电流负荷；不私自给电动车加装音箱等加大电池负荷的配件；不在室外高温地方进行充电。

●不擅自改装电动车、拆卸电气保护装置，确保电气线路或保护装置完好有效。

●电动车不应长时间在无人值守的地方进行充电，充电时间原则上不应超过10个小时。

●对于线路已损坏、外保护层已破损的电池应及时维修或更换。

三、火灾事故的扑救与自救

报警早，损失小。任何人都应该学会并掌握报警方法，为救助遇险人员、排除险情、扑灭火灾争取时间。当浓烟烈火袭来时，只要我们冷静机智地运用火场逃生知识与技能，就能避免火灾伤害，安全渡过难关。

火灾报警

（一）电话报火警

火警电话"119"。报告火警时应注意以下内容：

①要沉着冷静，拨通后再讲话；

②要说清楚起火建筑的名称、地址、火势、伤亡情况，以及报警人的姓名和联系电话；

③说清楚着火部位、着火建筑附近明显的标志性建筑，有无被困及伤亡人员；

④在现场附近迎候消防车。

（二）高声呼喊报警

发生火灾，尤其是夜里发生火灾时，在逃生自救的同时，应高声呼喊，向周围的人员报警，提醒大家及时撤离火场。

（三）使用手动报警按钮报警

公共建筑（场所）发生火灾时，可将走道墙壁上的报警按钮按下，启动火灾自动报警系统，发出火灾报警信号。

扑灭火灾的基本方法及灭火器的选择、配置

（一）灭火的基本方法

1.冷却法：如用水扑灭一般固体物质的火灾，通过水来大量吸收热量，使燃烧物的温度迅速降低，最后使燃烧终止。

2.窒息法：如用二氧化碳、氮气、水蒸气等来降低氧的浓度，使燃烧不能持续。

3.隔离法：如用泡沫灭火剂灭火，使产生的泡沫覆盖于燃烧体表面，在冷却的同时，把可燃物同火焰和空气隔离开来，达到灭火的目的。

4.化学抑制法：如用干粉灭火剂通过化学作用破坏燃烧的链式反应，使燃烧终止。

（二）灭火器的选择

1.扑救A类火灾：一般可采取水冷却法，但对于忌水的物质，如布、纸等应尽量减少水渍造成的损失。对珍贵图书、档案应使用二氧化碳、卤代烷、干粉灭火剂灭火。

2.扑救B类火灾：首先切断可燃液体的来源，同时将燃烧区容器内的可燃液体排至安全地区，并用水冷却燃烧区可燃液体的容器壁，减慢蒸发速度；及时使用大剂量泡沫灭火剂、干粉灭火剂将液体火灾扑灭。

3.扑救C类火灾：首先应关闭可燃气阀门，防止可燃气发生爆炸，然后选用干粉、卤代烷、二氧化碳灭火器灭火。

4.扑救D类火灾：镁、铝燃烧时温度非常高，水及其他普通灭火剂无效。钠和钾的火灾切忌用水扑救，水与钠、钾起反应会放出大量热和氢，会让火灾猛烈发展，应用特殊灭火剂，如干砂等。

5.扑救E类火灾：用干粉灭火器、二氧化碳灭火器效果好，因为这两种灭火药剂的绝缘性能好，不会引发触电伤人的事故。

6.扑救F类火灾：可采用干粉灭火器，灭火时忌用水、泡沫及含水的物质，应通过窒息灭火方式隔绝氧气进行灭火。

（三）干粉灭火器灭火原理和使用方法

干粉是目前最常用的灭火剂。干粉能灭火主要是因为可以在燃烧物表面形成覆盖层，隔绝氧气，达到窒息灭火的目的。

当火灾初起时，现场人员要保持镇定，迅速将灭火器提到距火点2至3米处的上风方向，拔去保险销，左手握住喷嘴对准火焰根部，右手按下压把，干粉便会喷出。灭火时左手要握住喷嘴左右来回移动扫射，以确保灭火剂能完全覆盖起火物品。

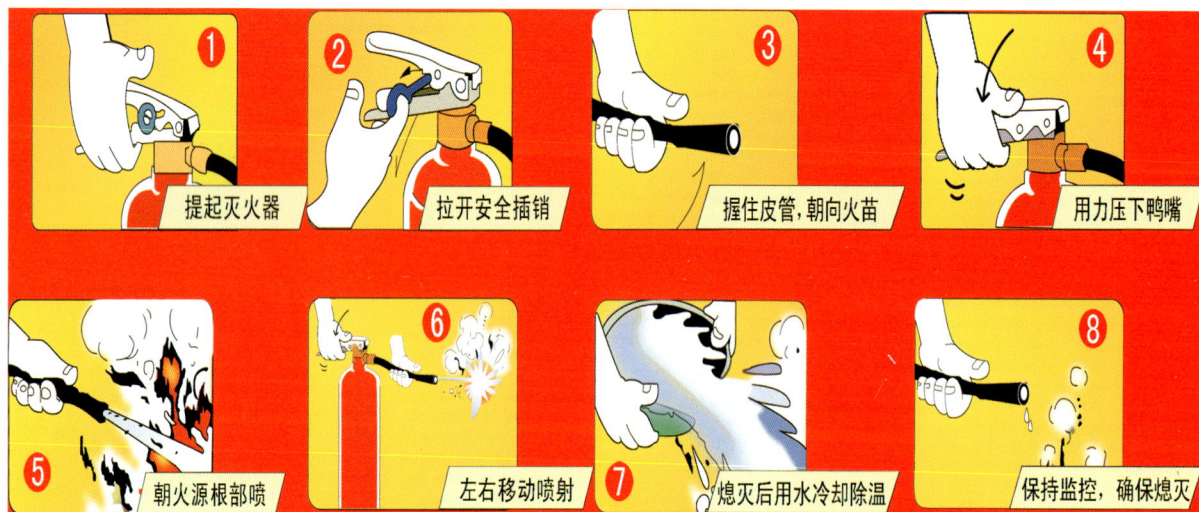

| ① 提起灭火器 | ② 拉开安全插销 | ③ 握住皮管，朝向火苗 | ④ 用力压下鸭嘴 |
| ⑤ 朝火源根部喷 | ⑥ 左右移动喷射 | ⑦ 熄灭后用水冷却除温 | ⑧ 保持监控，确保熄灭 |

学校火灾逃生

（一）教学楼逃生方法

教学楼发生火灾后，要迅速逃生。不要收拾书包等物品，以免耽误逃生时间；不要慌乱拥挤，要有序地疏散。

当火灾发生初期，火势不大的情况下，要按照疏散指示标志，沿着疏散通道往楼下跑。

当火势较大，身处着火层或者着火楼层以下时，可以用湿毛巾捂住口鼻，沿疏散通道低姿靠右冲出浓烟，往楼下撤离。

当火势较大，身处着火楼层以上且疏散通道被烟火封堵时，如果有通向屋顶的通道，可以跑到屋顶等待救援，并应晃动鲜艳衣物或手电呼救，让救援人员知道准确位置，以便营救。

当火势较大，楼道内充满了浓烟，且离屋顶较远或者无法通向屋顶时，可以躲到燃烧物少、受烟火威胁小、有新鲜空气的房间（或教室），将房间（或教室）朝向烟火一面的所有门窗关闭，用湿布堵塞空洞缝隙，并收集一切水源向门窗浇水冷却，等待救援。

（二）礼堂、剧院、报告厅逃生方法

礼堂、剧院、报告厅内可燃物较多，例如座椅、幕布、各种舞台设备等，内部空间高、跨度大，人员高度集中，一旦发生火灾，蔓延迅速，燃烧猛烈，并且会产生大量有毒烟雾。应采取以下逃生自救方法：

1.避免大声呼喊，防止烟雾吸入口鼻而中毒；

2.保持清醒头脑，仔细辨别安全出口方向，互相帮助，有序撤离；

3.听从工作人员指挥，低姿行走或匍匐前进，避免惊慌、拥挤导致踩踏或者通道堵塞而造成更大的人员伤亡。

（三）学生宿舍逃生方法

学生宿舍由于通道少且狭窄，楼内人员密集，一旦发生火灾，疏散逃生困难，所以掌握逃生自救知识十分必要。

学生宿舍发生火灾，首先要立足自救。

如果火势较小，可以用灭火器进行灭火，也可以用浇湿的毛毯、棉被覆盖、窒息灭火，将火灾消灭在初期。

此图片来源：https://dy.163.com/article/DKEM5DJG0514A1UJ.html;NTESwebSI=5D5E8F7C958B01929DCBBB3315721FF3.hz-subscribe-web-docker-cm-online-rpqqn-8gfzd-no6gz-9578447gmss-8081

如果火势较大，自行扑救有困难或者不能扑灭，应迅速跑出着火房间并关闭房门，截断烟雾的扩散，阻止火势蔓延，并呼喊或者通知其他房间的同学，迅速疏散到安全区域。

（四）商场火灾的逃生方法

1.要有逃生意识。只要进入地下商场，一定要对其内部设施和结构布局进行观察，熟记疏散通道和安全出口位置。

2.迅速撤离危险区。采取自救或互救方法迅速疏散到地面或其他安全地带。

3.逃生过程中，尽量低姿势前进，不要做深呼吸。在可能的情况下，用湿衣服或毛巾捂住口鼻，防止烟雾进入呼吸道。

4.如果疏散通道被大火阻断无法逃生，要寻找安全房间躲避烟火，等待消防队员前来援救。

5.疏散逃生时，不要拥挤，防止踩踏。

酒吧、KTV火灾逃生方法

酒吧、KTV等大型娱乐场所人员密集，一旦发生火灾，常因人员慌乱、拥挤而阻塞通道，发生互相踩踏的悲剧，或由于逃生方法不当，造成人员伤亡。

专家提示

● **逃生时必须冷静**

由于酒吧、KTV一般都在晚上营业，并且进出顾客的随意性大、密度很高，加上灯光暗淡，失火时容易造成人员拥挤，在混乱中容易发生挤伤踩伤事故。因此，只有保持清醒的头脑，明辨安全出口方向，采取紧急避险措施，才能掌握主动，减少人员伤亡。

● **积极寻找多种逃生方法**

在发生火灾时，首先应该想到通过安全出口迅速逃生，如安全出口拥堵，可选择破窗而出的逃生措施，如果楼层很低，可直接从窗口跳出。设在高层楼房中的酒吧、KTV发生火灾时，首先应选择通过疏散通道和疏散楼梯、屋顶和阳台逃生。一旦上述逃生通道被火焰和浓烟封住，应该选择落水管和窗户进行逃生，或寻找临时避难场所，向窗外发出救援信号，等待消防人员营救，绝对不能急于跳楼，以免造成不必要的伤亡。

● **互相救助逃生**

在酒吧、KTV进行娱乐活动的青年人比较多，身体素质好，可以互相救助脱离火场，或帮助长者逃生。

● **在逃生过程中要防止中毒**

由于酒吧、KTV装修、装饰材料使用较多，一旦发生火灾，将会产生有毒气体。因此，在逃生过程中，应尽量避免大声呼喊，防止烟雾进入口腔。应用水或饮料打湿衣服捂住口腔和鼻孔，并采用低姿行走或匍匐爬行的姿势，以减少烟气对人体的伤害。

在烟火中逃生要尽量放低身体，最好是沿着墙脚匍匐前进，并用湿毛巾或湿手帕捂住口鼻。

安全出口 →

火场逃生自救十二诀

(本章图片来源: https://www.sohu.com/a/397951060_782296)

第一诀：逃生预演，临危不乱。

每个人对自己工作、学习或居住所在的建筑物的结构及逃生路径要做到了然于胸，必要时可集中组织应急逃生预演，使大家熟悉建筑物内的消防设施及自救逃生的方法。这样，火灾发生时，就不会觉得走投无路了。

请记住：事前预演，临危不乱。

第二诀：熟悉环境，暗记出口。

当你进入陌生的环境时，为了自身安全，务必留心疏散通道、安全出口及楼梯方位等，以便关键时候能尽快逃离现场。

请记住：居安思危，预留通路。

第三诀：通道出口，畅通无阻。

楼梯、通道、安全出口等是火灾发生时最重要的逃生之路，应保证畅通无阻，切不可堆放杂物或设闸上锁，以便紧急时能安全迅速地通过。

请记住：自断后路，后患无穷。

第四诀：扑灭小火，惠及他人。

当发生火灾时，如果发现火势并不大，周围有足够的消防器材，应奋力将小火控制扑灭，千万不要惊慌地置小火于不顾而酿成大灾。

请记住：争分夺秒扑灭小火。

第五诀：明辨方向，迅速撤离。

突遇火灾，面对浓烟和烈火，首先要保持镇静，迅速判断危险地点和安全地点，决定逃生的办法，尽快撤离险地。千万不要盲目地跟从人流、相互拥挤、乱冲乱窜。撤离时要注意，朝明亮处或外面空旷地方跑，要尽量往楼层下面跑，若通道已被烟火封阻，则应背向烟火方向离开，通过阳台、气窗、天台等往室外逃生。

请记住：沉着镇定，化险为夷。

第六诀：不入险地，不贪财物。

在火场中身处险境，应尽快撤离，不要因害羞或顾及贵重物品，而把宝贵的逃生时间浪费在穿衣或寻找、搬离贵重物品上。已经逃离险境的人员，切莫重返险地。

请记住：莫惜财产，生命第一。

第七诀：简易防护，蒙鼻匍匐。

逃生时经过充满烟雾的路线，要防止烟雾中毒、预防窒息。可采用毛巾、口罩蒙鼻，匍匐撤离的办法。烟气较空气轻而飘于上部，所以贴近地面撤离是避免烟气吸入、滤去毒气的最佳方法。穿过烟火封锁区，如果没有护具，可向头部、身上浇冷水或用湿毛巾、湿棉被、湿毯子等将头、身裹好，再冲出去。

请记住：尽量防护安全逃生。

第八诀：善用通道，莫入电梯。

电梯的供电系统在火灾时随时会断电或因热的作用电梯变形而使人困在电梯内，同时由于电梯井犹如贯通的烟囱般直通各楼层，有毒的烟雾直接威胁被困人员的生命，因此，千万不要乘普通的电梯逃生。

请记住：电梯逃生，自陷困境。

第九诀：避难场所，固守待援。

逃生通道被切断且短时间内无人救援时，可采取创造避难场所、固守待援的办法。首先应关紧迎火的门窗，打开背火的门窗，用湿毛巾或湿布塞堵门缝或用水浸湿棉被蒙上门窗，然后不停用水淋透房间，防止烟火渗入，固守在房内，直到救援人员到达。

请记住：冒险逃生，莫若等待。

第十诀：缓晃轻抛，寻求援助。

被烟火围困暂时无法逃离的人员，应尽量呆在阳台、窗口等易于被人发现和能避免烟火近身的地方。在白天，可以向窗外晃动鲜艳衣物，或外抛轻型晃眼的东西；在晚上可以用手电筒不停地在窗口闪动或者敲击东西，及时发出有效的求救信号，引起救援者的注意。通常消防人员进入室内都是沿墙壁摸索行进，所以在被烟气窒息失去自救能力时，应努力滚到墙边或门边，便于消防人员寻找、营救。此外，滚到墙边也可防止房屋结构塌落砸伤自己。

请记住：暴露自己，吸引注意。

第十一诀：火已及身，切勿惊跑。

火场上的人如果发现身上着了火，千万不可惊跑或用手拍打，因为奔跑或拍打时会形成风势，加速氧气的补充，促旺火势。当身上衣服着火时，应赶紧设法脱掉衣服或就地打滚，压灭火苗；能及时跳进水中或让人往身上浇水、喷灭火剂就更有效了。

请记住：滚压灭火，及时脱险。

第十二诀：缓降逃生，滑绳自救。

高层、多层公共建筑内一般都设有高空缓降器或救生绳，人员可以通过这些设施安全地离开危险的楼层。如果没有这些专门设施，而安全通道又已被堵，救援人员不能及时赶到，你可以迅速利用身边的绳索或床单、窗帘、衣服等自制简易救生绳，并将其用水打湿，从窗台或阳台沿绳缓滑到下面楼层或地面逃生。

请记住：胆大心细，善用工具。

特别链接

实用烧伤应急处理

在生产、生活中总需要用火，稍不小心就会发生火灾和爆炸，容易使人手、胳膊、脸颊等裸露处受到烧、烫伤。遇到这种情况怎么应急处理呢？

专家提示

●被滚油沸水溅烫

应赶快将伤处用冷水冲洗，或置入盛冷水的容器中浸泡。大面积烫伤后，不要急于撕脱身上的衣服，防止粘附在衣服上的皮肤大面积脱掉，可用剪刀将粘附在皮肤上的衣服剪碎后去掉；也不要急着用毛巾擦拭伤面，不要急着在伤口上擦烫伤油膏，因为拭擦创面易擦烂伤口招致感染，油膏油剂不利于伤口散热。

●被火围身而烧伤

如果身上着火，要迅速脱去衣服，如脱不掉则可以在地上慢滚，压灭火苗。若身上有烧、灼伤口，也应立即用冷水浸泡或用冷水毛巾频频湿敷。如果穿的衣很紧，就穿着衣服做冷水浴，难脱的衣服勉强脱会加深损伤程度。日常生活中常会发生烧伤或烫伤，不要往创面上涂酱油、碱或烟丝、油膏之类，否则会影响创面的伤情，甚至会加重病情。家庭中可常备一些药品，如湿润烧伤膏、万花油等，可涂于小面积烧伤创面作应急处理，然后再到医院，在专科医师指导下治疗用药。

四、常见消防标识图例

消防手动启动器	发声报警器	火警电话	紧急出口L	紧急出口R	滑动开门L
禁止阻塞	禁止锁闭	推 开	拉 开	击碎板面	滑动开门R
当心火灾·氧化物	当心爆炸·爆炸性物质	当心火灾·易燃物质	地下消防栓	地上消防栓	消防水泵接合器
灭火设备	灭火器	灭火水带	火栓报警按钮	消防楼梯	紧急疏散集合点 Emergency Assembly Point
禁止用水灭火	禁止吸烟	禁止烟火	禁止带火种	禁止放易燃物	禁止放鞭炮
疏散通道方向	疏散通道方向				

附　则

消防安全常识二十条

一、自觉维护公共消防安全，发现火灾迅速拨打119电话报警，消防队救火不收费。

二、发现火灾隐患和消防安全违法行为可拨打96119电话，向当地公安消防部门举报。

三、不埋压、圈占、损坏、挪用、遮挡消防设施和器材。

四、不携带易燃易爆危险品进入公共场所、乘坐公共交通工具。

五、不在严禁烟火的场所动用明火和吸烟。

六、购买合格的烟花爆竹，燃放时遵守安全燃放规定，注意消防安全。

七、家庭和单位配备必要的消防器材并掌握正确的使用方法。

八、每个家庭都应制订消防安全计划，绘制逃生疏散路线图，及时检查、消除火灾隐患。

九、室内装修装饰不应采用易燃材料。

十、正确使用电器设备，不乱接电源线，不超负荷用电，及时更换老化电器设备和线路，外出时要关闭电源开关。

十一、正确使用、经常检查燃气设施和用具，发现燃气泄漏，迅速关阀门、开门窗，切勿触动电器开关和使用明火。

十二、教育儿童不玩火，将打火机和火柴放在儿童拿不到的地方。

十三、不占用、堵塞或封闭安全出口、疏散通道和消防车通道，不设置妨碍消防车通行和火灾扑救的障碍物。

十四、不躺在床上或沙发上吸烟，不乱扔烟头。

十五、学校和单位定期组织逃生疏散演练。

十六、进入公共场所注意观察安全出口和疏散通道，记住疏散方向。

十七、遇到火灾时沉着、冷静，迅速正确逃生，不贪恋财物、不乘坐电梯、不盲目跳楼。

十八、须穿过浓烟逃生时，尽量用浸湿的衣物保护头部和身体，捂住口鼻，弯腰低姿前行。

十九、身上着火，可就地打滚或用厚重衣物覆盖，压灭火苗。

二十、大火封门无法逃生时，可用浸湿的毛巾、衣物等堵塞门缝，发出求救信号等待救援。

消防安全《三字经》

[家庭消防]

平日里	想安全	嘱小孩	火勿玩
香烟头	不乱丢	躺床上	烟不抽
勿乱接	电器线	若老化	快调换
保险丝	禁铜铁	超负荷	最危险
煤气管	定期换	减压阀	时常检
若泄漏	立即关	开门窗	禁火电
油锅火	忌水浇	隔空气	锅盖牢
危险品	忌存放	废旧物	常清理
燃鞭炮	人远离	出家门	门窗闭
装新房	重选材	防易燃	免祸灾
全家动	共预防	同奋进	保安康

[学校消防]

学校安	教为先	抓幼小	益长远
课程表	内容全	消防课	是必选
学常识	避危险	不玩火	莫吸烟
宿舍间	明火禁	大功率	勿带进
私接线	不安全	人离开	关电源
厨房间	食堂里	油烟道	常清洗
锅炉灶	危险地	重细节	人不离
实验室	禁火源	化学品	妥保管
做试验	精细严	遵规定	保安全
遇险情	莫拖延	119	报警先
勿拥挤	有序散	师长语	记心间

[疏散逃生]

报火警	119	要沉着	莫慌走
何地点	起火因	何部位	须讲清
迎警车	马路上	报详情	指方向
先救人	后灭火	保现场	同作战
如被困	快疏散	钱财物	切勿贪
捂口鼻	穿浓烟	匍匐走	贴地墙
电梯里	切莫入	楼梯间	快快走
火势猛	要慎重	门把烫	定关上
湿衣物	门缝挡	浇冷水	大声喊
制绳索	往下滑	跳气垫	脱危险
消防员	神兵降	保安全	皆欢畅

交通安全是指不发生交通事故或少发生交通事故的主观条件，即指交通参与者要严格遵守交通法规，提高警惕，不因麻痹大意而发生交通事故。大学生交通安全是指大学生在校园内和校园外道路行走、乘坐交通工具时的人身安全。只要有行人、载具、道路这三个交通要素存在，就有交通安全问题。有时也许只是一个小小的意外，就会造成严重后果，断送当事人的美好前程，甚至宝贵的生命。所以，大学生增强交通安全意识，掌握相关安全常识十分必要。

一、步行安全常识

1.步行外出时要注意行走在人行道内，在没有人行道的地方要靠路边行走；

2.横过马路时须走过街天桥或地下通道，没有天桥和地下通道的地方应走人行通道；

3.在没画人行横道的地方横过马路时要注意来往车辆，不要斜穿、猛跑；

4.在通过十字路口时，要听从交警的指挥并遵守交通信号；

5.在设有护栏或隔离设施的道路上不得横过、钻越、跨越；

6.不要在道路上拦车、追车、扒车或抛物击车；

7.不可在道路上玩耍、坐卧或进行其他妨碍交通的行为；

8.不能进入高架道路、高速公路以及其他禁止行人进入的道路，不能擅自进入交通管制区；

9.在设有交通信号灯的人行横道，要等绿灯亮、机动车停驶后再通过，红灯或显示等待信号时，禁止通行；

10.校园内禁止穿暴走鞋与飞轮鞋。

行人违反交通信号通行的

行人不在行人道内行走的

行人跨越道路隔离设施的

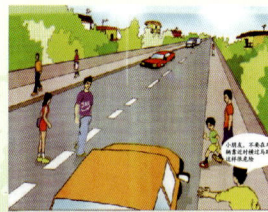

行人在没有划分机动车道、非机动车道和行人道的道路不靠路边行走的

二、骑车安全常识

1.骑车出行前要先检查一下车辆的铃、闸、锁、牌是否齐全有效，保证没有问题后方可上路，电动车时速不超过20千米。

2.在道路上要在限制车道内行驶，若没有划分车道要靠右边行驶。

3.要精力集中，谨慎驾驶，服从交警指挥。

4."十不要"：不要通过路口时闯信号灯；不要骑车逆行、扶肩并行、相互追行、转弯强行；不要脱手骑车或攀扶其他车辆；不要违反规定载人载物；不要在便道上骑车；不要牵引和拖拽车辆、宠物、物料等；不要让12岁以下小孩骑车上路；不要横穿机动车道；不要酒后骑车；不要乱停乱放。

电动车需上牌行驶，最高时速不得超过20千米

骑自行车不准扶肩并行、互相追逐或曲折竞驶。

三、乘车安全常识

乘坐小客车时，按规定系好安全带。

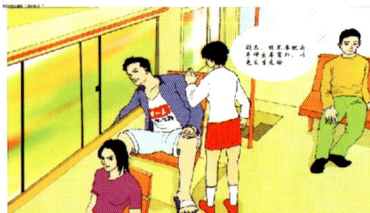

机动车在行驶过程中，不准将身体任何部分伸出车窗外，不准跳车。

不准携带易燃、易爆等危险物品乘坐公共汽车、电车、出租车和长途汽车。

1.乘坐公共汽车、电车和长途汽车，须在站台或指定地点依次候车，待车停稳后，先下后上，不要乱拥乱挤乱扒乱窜，自觉遵守乘车秩序。

2.乘车时不可将头和手伸出窗外，以免受到伤害，不要向车外吐痰、投掷物品，不要在车上起哄。

3.不要在车行道上从车辆左侧门上下车，乘坐小客车时要系好安全带，乘坐摩托车要戴好安全头盔，乘坐轻轨地铁要遵守轨道交通有关规定，听从管理人员的指挥和引导。

4.不要携带易燃、易爆等危险物品乘坐公共汽车、出租车、长途汽车和火车。

5.车辆行驶过程中，不要与驾驶员闲谈或者进行妨害驾驶员安全操作的行为。

6.乘坐货运机动车时，除驾驶室外，不要乘坐其他任何部位。

7.乘坐小车时，要系好安全带，以免发生意外。

8.乘车时要坐稳扶好，没有座位时，要双脚自然分开，侧向站立，手应握紧扶手，以免车辆紧急刹车时摔伤。

9.下车后，不要从车前或车后突然横穿马路。

四、道路交通标志图例

指示标志

直行

向左转弯

向右转弯

直行和向左转弯

干路先行

直行和向右转弯

向左和向右转弯

靠右侧道路行驶

靠左侧道路行驶

会车先行

立交直行和左转弯行驶

立交直行和右转弯行驶

环岛行驶

步行

人行横道

鸣喇叭

最低限速

机动车行驶

非机动车行驶

右转车道

直行车道

直行和右转合用车道

允许掉头

单行路
(向左或向右)

分向行驶车道

公交线路专用车道

机动车车道

非机动车车道

单行路(直行)

禁令标志

禁止通行

禁止驶入

禁止机动车通行

禁止载货汽车通行

禁止三轮机动车通行

禁止大型客车通行

禁止小型客车通行

禁止汽车拖、挂车通行

禁止拖拉机通行

禁止农用运输车通行

禁止两用摩托车通行

禁止某两种车通行

禁止非机动车通行

禁止畜力车通行

禁止人力货运三轮车通行

禁止人力客运三轮车通行

禁止人力车通行

禁止骑自行车下坡

禁止骑自行车上坡

禁止行人通行

禁止右转弯

禁止左转弯

禁止直行

禁止向左向右转弯

禁止直行和向左转弯

禁止直行和向右转弯

禁止掉头

禁止超车

解除禁止超车

禁止车辆临时或长时停放

禁止车辆长时停放

禁止鸣喇叭

限制宽度

限制高度

限制质量

限制轴重

限制速度

解除限制速度

停车检查

停车让行

减速让车

会车让行

道路交通警告标志

 十字交叉
 (a)T形交叉
 (b)T形交叉
 (c)T形交叉
 Y形交叉
 环形交叉
 向左急弯路

 向右急弯路
 反向弯路
 连续弯路
 上陡坡
 下陡坡
 两侧变窄
 右侧变窄

 左侧变窄
 窄 桥
 双向交通
 注意行人
 注意儿童
 注意牲畜
 注意信号灯

 (a)注意落石
 (b)注意落石
 注意横风
 (a)傍山险路
 (b)傍山险路
 (a)堤坝路
 (b)堤坝路

 易 滑
 村 庄
 隧 道
 渡 口
 驼峰桥
 路面不平
 过水路面

 有人看守铁路道口
 无人看守铁路道口
 叉形符号
注:表示多股铁道与道路交叉
 注意非机动车
 (a)距铁路道口50m斜杠符号
 (b)距铁路道口100m斜杠符号
 (c)距铁路道口150m斜杠符号

 事故易发路段
 慢 行
 (a)左右绕行
 (b)左侧绕行
 (c)右侧绕行
 施 工
 注意危险

交 通 标 线

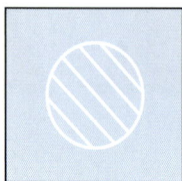

中心圈

中心圈

减速标线

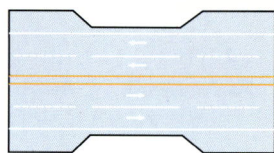

人行横道（正交）

人行横道（斜交）

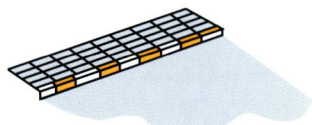

垂直式停车位

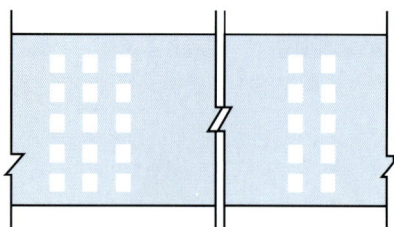

人行横道预告标示

中心黄色双实线

中心黄色虚实线

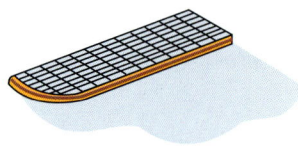

双向两车道路面中心线

车行道分界线

左转弯导向线

禁止变换车道线

禁止路边长时停放车辆线

禁止路边临时或长时停放车辆线

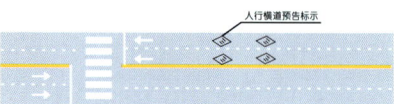

停车让行线

禁止掉头

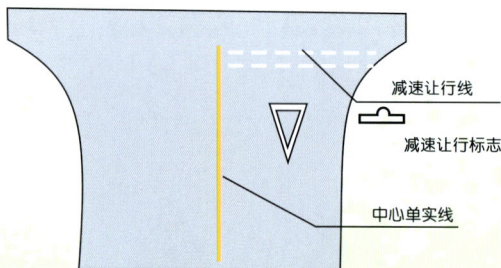

减速让行线

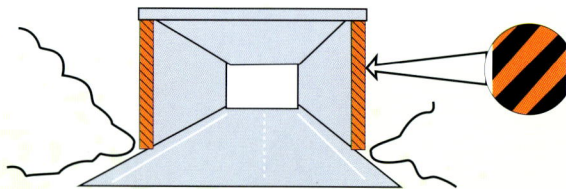

立面标记

校园周边环境复杂、人员混杂，社会闲散人员等引起的不法侵害事件时有发生。随着社会的发展，人们的性观念、性态度变得更为开放和活跃，大学生缺乏保护意识引起的侵害事件不断发生，艺术类院校学生要加强自我保护意识，防止遭受不法侵害。

一、日常安全防范

1.平时应有较强的防范意识，学一些自我保护和自我防卫技巧。

2.尽量不要和不熟悉的人单独接触，不要在人少天晚的时候去见陌生人。不轻易与陌生人接近或交谈，不论其长相、衣着如何，应随时提高戒心。注意那些不怀好意的尾随者，必要时采取躲避措施。

3.在日常生活中，衣着要朴素，行为态度要端庄，不轻易接受陌生人的邀约，相交不深就要保持距离。不太熟悉的人请你吃饭或者出去玩要委婉拒绝。

4.在假日或晚间，避免单人在教室自修，人数应在二人以上。

5.不单独一人进入僻静之厕所、教室或幽暗地方。不单独走荒郊、僻静巷道。

6.勿轻易让陌生人进入你的住室，夜晚回家门户应锁好，防止歹徒侵入。即使对方是自己的朋友，或年纪比自己大的异性，也尽量避免单独共处一室。

7.不去歌舞厅、酒吧等公共场所。

8.如果去一些娱乐场所玩，去卫生间回来后不要继续喝之前没喝完的饮料，以免被人下药，购买饮料要去公共场所，不要接陌生人递过来的饮料，以免被下药。

9.不贪图小便宜，不但要警惕陌生人送钱财，也要对熟人的过分殷勤和热情有所防范。

二、兼职安全警示

兼职安全

一些在校的学生经常选择在校外做一些兼职工作，打工挣钱之余锻炼个人能力，拓展自身视野。但是众多中介公司、用工单位鱼龙混杂，学生打工上当受骗的事例时有发生。因此，学校特发出学生兼职安全提示，提醒学生在兼职的过程中注意人身财产安全，维护好自身权益。

1.防止中介的诈骗

对于去中介那里找工作需要慎之又慎，最好通过其他更为可靠的途径获取工作信息。如果一定要去中介那里，至少要看清对方是否有劳动部门颁发的"职业介绍许可证"，或通过网上查询，了解其经营范围是否与执照相符（应看其执照正本），或者可以通过同学、朋友、老师了解其信誉是否良好，要到有资质、信誉好的中介找工作。

请广大学生增强安全防范意识，不要为非法中介工作，不要参与非法招工，避免上当受骗。

2.确认用工单位的合法性

对于自己满意的工作，在正式工作之前一定要确认用工单位是否具备法人资格，是否具备工商管理部门颁发的营业执照，是否拥有固定的营业场所。

3.不轻易交纳任何押金

当用工单位以管理为名，收取一定数额的押金或保证金、服装费、培训费时，要谨慎，以防缴纳后，被单位以各种名由扣留，不予返还。如果确实要交，应将费用的性质、返还时间等明确写入劳动协议，以免被随意克扣。

4.不抵押任何证件

当用工单位要求以学生本人的有关证件作为抵押时，一定要拒绝，谨防证件流入不法分子手中，成为非法活动的工具，证件的复印件也要谨慎使用。

5.不到娱乐场所工作

娱乐场所鱼龙混杂，常常有不法分子出没。为保障人身安全，不要到酒吧、歌舞厅等娱乐场所工作。

6.不做高危工作

有些工作危险系数高、劳动强度大，容易发生意外，学生身体容易受到伤害，尽量不要从事此类工作。

7.要签订劳动协议

有些用工单位在学生工作结束时以各种理由克扣学生工资，侵害学生利益。学生们应在工作开始前与用工单位签订劳动协议，协议书一定要权责明确，如工资额度、发放时间、安全等关系到学生切身利益的方面一定要详细说明。学校相关部门可为大家提供协议书范本，并提供咨询、登记备案、法律援助等服务。

8.女生不单独外出约见

部分女生的自我保护和防范意识不高，求职心切，在对方约见时，不加考虑就去见面。建议女生不要单独外出约见或面试，不要轻易去陌生人家中，不要在夜间工作，尽量和同学结伴外出。

9. 兼职信息要告知家人

学校原则上不鼓励学生校外兼职。学生兼职一定要经过家长同意方可。学生兼职时的外出行程表和时间表要告知同寝室的人、辅导员或家人，以防万一。

最后要提醒各位同学：如果遇到不法侵害，首先要保护生命安全，要想方设法在安全的前提下第一时间报警并通知亲朋好友。如果在工作中权益受到侵害，应通过正当渠道去维护权益。

女生找工作和做兼职时的安全常识

1.防止中介的诈骗

2.确认用工单位的合法性

3.不轻易交纳任何押金

4.防止陷入传销陷阱

5.不抵押任何证件

6.不到娱乐场所工作

7.要签订劳动协议

8.不单独外出约见

9.防止网上欺骗

三、就业陷阱与防范

　　毕业生在就业过程中，会遇到各种竞争和挑战，同时一些用人单位在招聘和用人的过程中不够规范，甚至存在一些违法行为。毕业生在求职过程中可能会遇到一些陷阱，只有善于发现和懂得如何应对这些陷阱，才能确保自己的权益不受损害。

A.就业陷阱的表现

　　（一）　虚假广告陷阱

　　（二）　色情陷阱

　　（三）　协议陷阱

　　1.用人单位不与毕业生签订就业协议书；

　　2.用人单位不跟应聘者签订劳动合同；

　　3.用人单位不将承诺写入合同；

　　4.用人单位与毕业生签订"霸王合同"。

　　（四）　试用期陷阱

　　（五）　收费陷阱

　　（六）　薪酬陷阱

　　（七）　智力陷阱

B.针对就业陷阱的应对措施

　　在就业市场上，大学生是一个弱势群体。由于就业法规、就业市场和大学生自身素质等方面的缺失，大学毕业生在就业时常会遇到困扰。毕业生在就业过程中，一定要采取相应措施，努力防范和应对就业陷阱。

　　1.仔细鉴别各类就业信息，有效识别就业陷阱；

　　2.了解国家有关就业的政策和法律法规，切实提高自身法律意识；

　　3.端正就业态度，平等地与用人单位交往；

　　4.慎重签订就业协议书，注意约定条款的合理性。

　　另外，毕业生签订协议书时，要注意与劳动合同的衔接。毕业生签订就业协议在先，为了使约定条款与日后订立的劳动合同一致，应尽量将劳动合同的内容体现在就业协议的约定条款中，并明确表示在今后订立劳动合同时予以确认。若事先无约定，日后毕业生对劳动合同的有关内容不满意而不愿到该单位工作，毕业生就要承担违约责任。有些内容口头约定是无效的。

谨防传销陷阱

A.传销的特征

1.经营者通过发展人员、组织网络，从事无店铺经营活动，上线从下线的营销业绩中提取报酬。

2.参加者通过交纳入门费或认购商品等变相交纳入门费的方式，取得加入、介绍或发展他人加入的资格，并以此获取回报。

3.先参加者从发展的下线成员所交纳的费用中获得收益，且收益数额由加入的先后顺序决定。

4.组织者的收益主要来自参加者交纳的入门费，或以认购商品等方式变相交纳的费用，而并非真正以推销商品为经营方式来获取利润。

5.组织者利用后参加者所交纳的部分费用支付先参加者的报酬，维持运作。

6.组织者承诺在一定时间内返还参加者高于其所交费用数倍的钱财。

B.传销的骗人伎俩和惯用手法

预防、抵制传销，应当了解一些传销骗人的惯用伎俩。

伎俩之一：诱惑力十足的"诱饵"。为将"潜在下线"引诱到传销活动地，传销组织者或"上线"往往编造"高薪招聘""提供就业""投资做生意"等极具诱惑力的理由，投其所好，吸引人们前往。

伎俩之二：假装温馨的"亲情友情"。为提高发展下线的成功率，传销人员往往将个人交际中的网络成员，即亲戚、朋友、同学、战友等作为首先考虑吸纳的对象。

伎俩之三：难以抗拒的"精神控制"。较典型的如"二八定律"，即对新来的受骗者，传销组织要求"业务员"（上线）80%谈感情，20%谈事业，绝对不能讲有关传销的事情；宣扬一些所谓的"成功案例"，逐渐消除新来人员的防御心理；不间断地进行高强度"洗脑"，全面营造"传销致富"的氛围，从精神上控制新加入的传销人员。

伎俩之四：似是而非的"营销理论""消费联盟""连锁加盟""框架营销""互动式科学营销"等层出不穷的新名词，让人眼花缭乱，难辨真假。传销组织者为这些名目设计了似是而非的"理论体系"，用以伪装传销活动的骗人实质，对普通老百姓极具欺骗性。

伎俩之五：虚张声势的"互联网传销"。目前网络传销的主要形式有三种：一是传统传销的"网络版"，即借助互联网推销实物产品，发展下线；二是靠发展下线会员增加广告点击率来获取佣金回报，通过网络浏览付费广告获得积分；三是多层次信息网络营销模式，即传销组织设立网站，参与者通过交纳入门费加入该网站，取得资格去推荐、发展他人加入，并可以按照推荐成功加入的人数获取积分。

伎俩之六：时常变幻的"传销噱头"。为掩盖其拉人头的实质，传销组织者、策划者还利用"股票分红""会员制""电子商务""资本运作""连锁经营""直销"等种种噱头，给传销活动披上一层掩饰的外衣。如：某传销组织利用人们对"送海外原始股"的兴趣，谎称即将上市，成为公司成员不仅可以配送"海外原始股"，发展下线可享有推荐消费佣金、下线的分红等权益，其实质还是"金字塔形"按人头抽取佣金的传销。

伎俩之七：厚颜无耻的"政治旗号"。传销组织者打着"支持西部大开发"等幌子，曲解国家政策，为传销穿上了一层支持经济建设、构建和谐社会的幌子，增强了传销欺骗性。

伎俩之八：涉黑性质的"暴力传销"。一种是以限制人身自由为主的"暴力传销"，对新来的人员，传销组织者会收掉其身上的手机、财物和身份证件，派人跟踪和监视，限制人身自由，一种是传销人员唆使被骗人员编造"生病住院""出车祸"等谎言，向家里要钱，更有甚者，教唆被骗人员在电话里给家长演戏，以"绑架、不给钱就如何"的形式敲诈勒索，已初步显露黑社会性质。

C.传销的危害有哪些？

传销的危害十分巨大。首先是给参与者造成严重的财产损失。

1.传销的实质就是诈骗，是极少数人敛财的把戏，绝大多数参与者都会血本无归，甚至倾家荡产。

图片来源：http://sh.offcn.com/html/2017/10/84302.html

2.助长和膨胀了一些人不劳而获、一夜暴富的心态。传销组织通过编造谎言，让不少急于求富的人萌生幻想，相信天上会掉馅饼，落入传销陷阱难以自拔。

3.严重影响社会稳定。有些传销参与者被骗后走投无路，对社会产生怨恨情绪，聚众闹事，甚至引发抢劫、杀人等刑事案件。

4.冲击社会诚信伦理道德体系。传销的一个重要特点就是"杀熟"，参与者为骗钱不惜将朋友，甚至父母、配偶、亲戚都拉入传销"泥潭"，导致人与人、人与社会间的信任度严重下降，极大地破坏了社会诚信道德体系。

四、夜间独行安全防范

1.夜间最好不外出，必须外出应有二人以上结伴而行。

2.不在幽暗、僻静处所久留，见陌生人徘徊，应提高警觉，迅速离开。

3.夜间外出，归途较偏僻时，最好请家人或同学（男子）来接。即使不得不走夜路，也要提高警惕，注意周围。

4.不乘坐长途出租车，夜间不单人乘坐出租车，不搭陌生人便车，不与陌生人一起坐出租车。要注意周围环境，不可低头看书或做别的事，发现走的路不对，或者司机不停车的时候，要果断打开车门下车。

5.路遇劫匪、歹徒向你要皮夹或钱包，不要递给他，而要将皮夹或钱包往远处丢去。歹徒很可能对财物比对你有兴趣，他会去拿皮夹或钱包，这是你逃跑的机会，要往反方向拼命跑。

五、处理学校中的人际关系的策略

1.明确最基本的交往关系——同学关系和师生关系。校园的人际交往是具有多样性的。在班集体内，客观存在着共同的学习目标、系列的教学计划和大体一致的活动方式。在这个特定的环境里形成的师生关系和同学关系就成为最基本的人际关系。同学之间的友谊和正常的师生情谊比什么都可贵。俗话说："在家靠父母，出门靠朋友，在校靠同学。"特别是同寝室的，亲如兄弟姐妹，如果能好好相处，这是一辈子的情意。生活中难免会有一些磕磕碰碰，同学之间更要相互理解，矛盾自己解决不了的，可以找老师。大学生的社会经验少，主观情感丰富，理智不够，感性占了上风的时候就缺乏理智，和异性交往不当更会酿成大错。

2.不要用感情代替理智，交往要有选择。加强自我保护的安全防范意识，提高自立、自强、自爱、自尊的能力，学会如何做人、交友，如何保护自己。人的情感，有主观体验，更应该包含合理的、理智的判断。我们有些学生在交往中受骗上当，往往吃亏于感情用事，一味"跟着感觉走"，而缺乏理智感。因此，在任何交往场合下，我们都要保持清醒的头脑，这样才能对外界做出正确的反应。其中，特别是要学会区别对待不同类型的人。

（1）对于熟人或朋友介绍的人，要学会"听、观、辨"，即听其言、观其色、辨其行。态度要诚恳而不轻浮，不要"一个是朋友，他身边的都是朋友"。不明是非，滥交所谓的朋友并不是一件好事。

（2）对于"初相识"的朋友要谨慎，在不了解对方的时候，不要轻易露出自身的底细，不要给他手机号码、家庭地址等。所谓"画虎画皮难画骨，知人知面不知心"。

（3）对于那些"来如风雨，去似微尘"的上门客，他们的态度越热情，我们处置时越要小心。要避免单独行事，必要时可在集体环境中接待。

六、遭遇性侵的应对措施

1.路遇不明身份者跟踪，单身女性明显处于劣势，需改变行进线路，可以快速走到马路对面，或走"Ｚ"字形线路，或加快脚步往人多明亮的地方跑。假如无法甩掉，可以边走边用手拍打停放在路边的车辆，触发车上的报警器引人注意，或立即进入人多的公共场所暂避，联系亲友来接你；也可以迅速拦下出租车乘车离开，或者就近寻找周边的警员、警车、治安巡防队员、单位的保安门卫求助，紧急情况下可以边走边用手机拨打"110"报警。

2.一旦遭到骚扰，要沉着冷静，应清醒认识到你有两条腿可跑，两只脚可踢，一双手可打，还有牙齿可咬，如果带了笔、指甲刀、钥匙、提包等物品，可以利用这些武器乘歹徒不备，攻其要害（眼睛、太阳穴、私处等）。

3.在发现歹徒体格较小时，可抢起触手可及的物品向对方易受攻击的部位猛砸过去，同时大声呼救。

防狼绝技

4.在尚无防备，被歹徒捂住嘴巴并拖至僻静处时，头脑要冷静，做出异常恐惧状，待其放松戒心，乘其不备逃脱。

5.在势单力薄无法摆脱时，要注意记住歹徒的体貌特征，在适当的时机大声呼救、抗争，脱险后及时报警。

防狼喷雾

多加练习
效果更佳！

天下武功
无坚不摧
唯快不破

艺术类院校学生正处在学习、就业、恋爱、社会适应等重要的人生时期，面对的矛盾多、情绪容易波动，心理调节能力不够完善，容易产生心理障碍，引发一些心理方面的困惑或疾病。

一、学生心理问题的主要类型

心理健康是指心理的各个方面及活动过程处于一种良好或正常的状态。大学生应从安全的角度认识心理健康，接受心理健康教育，提高心理健康水平，达到预防心理障碍和疾病的目的。

追求享乐的享受心理
爱慕虚荣的虚荣心理
自我否定的自卑心理
情绪低落的抑郁心理
消极悲观的厌世心理
寻求刺激的猎奇心理
心胸狭隘的报复心理
消极否定的逆反心理
极端自私的嫉妒心理

二、产生心理问题的主要原因

大学生作为一个特殊的社会群体，有着自己许多特殊的问题，如适应新的学习环境、专业选择与学习适应问题、理想与现实的冲突问题、人际关系的处理与恋爱中的问题等，都会对同学们的心理健康带来各种影响。从目前大学生的思想实际看，诱发心理问题的主要因素如下：

不切实际地图虚荣、摆阔气、比富贵，是造成少数同学心理问题的新诱因。

来自社会、家庭的压力越来越大，是诱发个别同学心理问题的重要因素。

大学生活的不适应，是导致部分同学受挫的直接原因。

理想与现实的差距，也是个别同学出现心理问题不可忽视的重要原因。

三、常见学生心理问题的疏导和化解

解决个别同学的不良心理问题，要坚持科学辩证的方法，从实际出发，激发其积极上进的健康心理。

1.挫折心理的疏导化解方法

辩证认识挫折
学会情绪转移和情感释放
及时调整目标方向
善于化压力为动力

2.抑郁心理的疏导化解方法

保持生活乐观
及时进行情绪"疏泄"
辩证看待"得"与"失"
加强自我激励

4.报复心理的疏导化解方法

待人要宽容
行为要理智
处世要豁达

3.嫉妒心理的疏导化解方法

培养豁达的人生态度
看到自己的长处
全面客观评价自己
树立"人人都有成功机会"的观念

5.攀比心理的疏导化解方法

拥有凡人心态
少设对手
不把想法强加于他人
欣赏拥有的东西

四、积极预防学生轻生

　　人的生命是最宝贵的，每一名同学都应直面人生中的挑战，树立乐观向上的人生态度，筑牢思想和心理防线，珍惜自己宝贵的生命，做生活中的强者，严防轻生自杀事件的发生。

　　1.端正人生追求，树立积极的人生态度；

　　2.加强学习锻炼，努力培养健康人格；

　　3.做好自我调节，增强心理承受能力；

　　4.及时求医问药，积极矫治心理疾患。

自知　自制　自立　自省

情绪调节法　心理疏通法　情感升华法　自我安慰法

重视心理测试　矫正不良心理　治疗心理疾患

心灵驿站

一、食品安全与常见传染病防治

食品安全是指食品质量状况对食用者健康、安全的保证程度，食品安全问题包括三个方面内容：一是食品的污染导致的对人类的健康、安全带来的威胁。例如：生物性污染、化学性污染、物理性污染等。二是食品工业技术发展所带来的质量安全问题。例如：食品添加剂、食品生产配剂、介质以及辐射食品、转基因食品等。三是滥用食品标识。例如：伪造食品标识、缺少警示说明、虚假标注食品功能或成分、缺少中文食品标识（进口食品）等。

1.什么是食物中毒

食物中毒是指健康人经口食入正常数量、可食状态的"有毒物质"后引起的以急性感染或中毒为主要临床特征的疾病。因摄入食物而感染的传染病、寄生虫等食源性疾病不属于此范围，也不包括因暴饮暴食引起的急性胃肠炎。食物中毒的共同特征为多人摄入同样的食物后短时间内即发生恶心、呕吐、腹痛、腹泻等典型临床症状。

图片来源：http://www.yd166.com/pic/6985275608.html

2.食物中毒的种类有哪些

根据病原物质可将食物中毒分为四类：①细菌性食物中毒，②霉菌毒素食物中毒，③有毒动植物食物中毒，④化学性食物中毒。

图片来源：https://www.sohu.com/a/205074259_349978

3.食物中毒的常见原因有哪些

食物中毒的原因：①原料选择不当，如食品已被细菌或毒素污染，食品腐败变质。②食品在生产、加工、运输、储存、烹饪等过程中不注意卫生，如生熟不分、加热时间不够、保存不当等。③进食前食物加热不充分，未能杀灭细菌或破坏其毒素。

图片来源：https://dy.163.com/article/DIEB2MHC0514HK6S.html

4.生活中如何防范食物中毒

（1）不买无照经营（非食品厂家）、个体商贩自宰自制的食品。

（2）购买食品时要查验食品的"生产日期""有效期""保质期"等食品安全信息。坚决不买、不用过期、伪劣、假冒（如勾兑假酒等）食品。可以放心购买有"QS"认证标识的食品。

质量安全

（3）不吃变形、变味、变色食品和包装破损或异常的食品（如胀罐），因为这些食品可能已腐败变质。

（4）冰箱保存食品要严格分类分区，不能冷热混放。如生鲜食品（鱼、肉、海鲜）应存放在冷冻室；加工食品要放在冷藏室，并严格遵守保存时间。

小贴士

食品安全五大要点

一、保持清洁

餐前便后要洗手，洗净双手再下厨，饮食用具勤清洗，昆虫老鼠要驱除。

勤洗手

二、生熟分开

生熟食品要分开，切莫混杂共保存。刀砧容器各归各，避免污染惹病生。

不混吃

三、煮熟烧透

肉禽蛋品要煮熟，贪吃生鲜是糊涂。虫卵病菌需杀尽，再度加热也要足。

70℃
高温好

四、安全存放

熟悉常温难久藏，食毕及时进冰箱。食前仍需加温煮，冰箱不是保险箱。

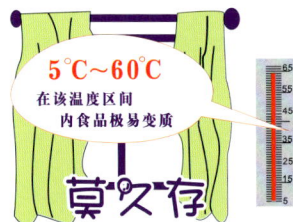

5℃~60℃
在该温度区间内食品极易变质
莫久存

五、材料安全

饮食用水要达标，菜果新鲜仔细挑。保质期过不再吃，莫为省钱把病招。

一般来说瓶装饮用水是比较安全的
期内食

二、防 盗

盗窃案件在高校内时有发生，主要发生在宿舍、图书馆、教室，且内盗案件占比较大。究其原因，一方面是学生防范意识不强，给犯罪分子可乘之机；另一方面是少数大学生对自己要求不严，法律意识淡薄，人生观和价值观发生扭曲，追求享乐，盲目攀比，不顾家庭和自己的经济承受能力，没有钱就去偷，违法乱纪，有的甚至逐步走上犯罪道路。预防和打击高校盗窃案件，不仅是公安机关和学校保卫部门的重要任务，也是每个大学生应尽的责任和义务。

高校盗窃案件中常见的行窃方式：

顺手牵羊、溜门窜户、撬门别锁、插片开门、偷配同学的钥匙。

大学生如何防止盗窃案件的发生：

1.最后离开宿舍的同学，一定要将门窗关好；

2.不留宿外来人员；

3.发现形迹可疑人员加强警惕，多加注意，巧妙周旋，报告保安；

4.拒绝入户推销，及时与楼管员联系；

5.宿舍内不存放大量现金，贵重物品随身携带或者锁在柜内；

6.保管好自己的钥匙，不私自借配。

发生盗窃案件时的应对措施：

1.保持头脑冷静，迅速回忆是否曾遇到嫌疑人；

2.封锁现场，不准任何人入内，同时联系学院保卫部门、公安展开调查；

3.发现银行卡、校园卡被盗，立即挂失；

4.配合保卫部门、公安机关做好调查工作。

三、防 骗

虽然各种骗术层出不穷，花招屡屡翻新，但只要我们增强心理防范意识，相信天上不会掉馅饼，相信科学，破除封建迷信，坚决不贪意外之财，不滥用同情心，再精明的骗子也无法得逞。

骗子的手段一般来说有四种

1.利用名誉和地位行骗。一些骗子堂而皇之地冒充领导人、专家、演员等名人或者他们的亲属、至交，使一些人受骗上当。

2.利用钱物行骗。有些人见钱眼开，很容易在金钱迷雾中晕头转向。骗子利用一些人的贪财心理，或以空头许诺，或以小利勾引，结果"姜太公钓鱼，愿者上钩"的不少。

3.利用女色行骗。一些女骗子常常卖弄风骚，勾引一些花心男性的魂魄，继而从他们那里骗取钱物。

4.利用比较亲密的人际关系行骗。有些行骗者喜欢与人拉亲属、攀老乡，借此来瓦解受骗者的警惕性，达到行骗的目的。

防骗"十要素"

1.做个老实人，不贪横财。

2.要有强烈的防骗意识。

3.要学会察言观色。

4.对陌生人提供的香烟、饮料、食品等，要婉言谢绝，防止犯罪分子的迷魂药。

5.莫充内行，以免被骗。

6.不贪美色，谨防中计。

7.买药要走正当途径，有难言之隐，要去正规医院就医。

8.不要到街头地摊上"测字""看相""算命"，那些都是骗人的把戏。

9.对街头向您求助或乞讨的"可怜人"，要细加识别，防止上当受骗。

10."遭到骗子的暗算"，一定要快速报案，万万不要哑巴吃黄连。

警惕电信诈骗

诈骗，指以非法占有为目的，用虚构事实或者隐瞒真相的方法，骗取数额较大的公私财物的行为，是一种含有一定智商成分的犯罪形式。目前的诈骗手法让人眼花缭乱、防不胜防，而且有不断翻新、变化的趋势，具有很强的欺骗性。

人物 无法准确确认其身份 + **沟通工具** 电话短信网络等见不到真人 + **要求** 汇款、转账 = **诈骗**

报案最多的40种电信诈骗方式及防范方法

电信诈骗是指犯罪分子利用手机短信、电话和网络等通信手段实施的新型诈骗，针对电信诈骗犯罪活动的多发态势，着重提醒同学们注意电信诈骗，特整理以下四十种电信诈骗方式：

1.冒充公检法诈骗

犯罪分子冒充公检法工作人员拨打受害人电话，以事主身份信息被盗用、涉嫌洗钱犯罪为由，要求将资金转入所谓的"安全账户"配合调查。

防范方法：公检法办案会通知当事人到执法场所，出示证件、办理手续。凡是不见面、不履行相关手续面要求转账、汇款的，请一律拒绝。

2.包裹藏毒诈骗

犯罪分子以事主包裹内被查出毒品等为由，称其涉嫌毒品等犯罪，要求事主将钱转到"安全账户"以便调查，从而实施诈骗。

防范方法：接到此类电话后，请不要汇款、转账，并向公安机关报案。

3.医保、社保诈骗

犯罪分子冒充社保、医保中心工作人员，谎称受害人社保卡、医保卡资金出现异常，可能涉嫌犯罪，诱骗其将资金转入"安全账户"实施诈骗。

防范方法：接到此类电话、短信，请首先向医保、社保等机构咨询核实。

4.补助、救助、助学金诈骗

犯罪分子冒充民政、残联等单位工作人员，向残疾人员、困难群众、学生家长打电话、发短信，谎称可以领取补助金、救助金、助学金，要其提供银行卡号，然后以资金到账查询为由，指令其在自动取款机上操作，将钱转走。

防范方法：补助、救助资金均由当地民政等部门和社区发放，请首先向民政部门、社区咨询。不听从陌生人的指令，不执行不熟悉的网上银行和自动取款机操作。

5.冒充领导诈骗

犯罪分子冒充上级领导打电话、发信息给基层单位负责人或工作人员，以提拔、借钱、推销书籍及纪念币等为由，要求将资金转入或存入指定账户。

防范方法：接到电话、短信后请向本人核实。

6.虚构车祸、手术诈骗

犯罪分子虚构受害人亲戚朋友遭遇车祸、突发疾病需要紧急手术，要求对方立即转账。当事人因情况紧急便按照嫌疑人指令将钱转入指定账户。

防范方法：接到此类电话、短信，请不要着急，立即向本人核实，或者通过亲戚朋友、公安机关等可靠途径咨询，查证无误后才能办理。

7.虚构绑架诈骗

犯罪分子虚构受害人亲友被绑架，要解救人质需立即打款到指定账户，并且不能报警，否则撕票。当事人往往因情况紧急，不知所措，按照嫌疑人指令将钱款打入指定账户。

防范方法：接到此类电话、短信，请不要慌张，立即通过电话向本人核实，如本人无法联系，请通过亲戚朋友、公安机关等可靠途径咨询、查找，以免被骗。

8.猜猜我是谁

犯罪分子获取受害人电话号码和姓名后，打电话给受害人，让其"猜猜我是谁"，随后根据受害者所述内容冒充熟人身份，并声称要来看望受害人。随后，编造"被治安拘留""交通事故"等理由，向受害者借钱。

防范方法：请通过电话、朋友等向其所称的熟人本人进一步核实，如果不能核实，请见到本人后再决定。

9.票务诈骗

犯罪分子冒充航空公司客服人员以"航班取消，提供退票、改签服务"为由，诱骗购票人员多次进行汇款操作，实施连环诈骗。

防范方法：接到电话、短信后，请通过航空公司公布的服务电话核实，最好到正规服务网点查询办理，以免造成损失。

10.电话欠费诈骗

犯罪分子冒充通信运营企业员工，向事主拨打电话或直接播放语音，以电话欠费为由，要求将欠费资金转到指定账户。

防范方法：到当地通信企业服务网点查询，以免造成损失。

11.电视欠费诈骗

犯罪分子冒充广电工作人员群拨电话，谎称以受害人名义在外地开办的有线电视欠费，让受害人向指定账户补齐欠费，否则将停用受害人本地的有线电视并罚款，部分人信以为真，转账后发现被骗。

防范方法：到当地正规服务网点查询，以免造成损失。

12.金融交易诈骗

犯罪分子以某某证券公司名义通过互联网、电话、短信等散布虚假个股内幕信息及走势，获取事主信任后，又引导其在自己搭建的虚假交易平台上购买期货、现货，骗取股民资金。

防范方法：不要相信不切实际的投资回报，更不能轻易将资金交由他人代理操作投资，防止上当受骗。如有需要投资，应对选择正规、合法的投资渠道。

13.购物退税诈骗

犯罪分子获取事主购买房产、汽车等信息后，以税收政策调整，可办理退税为由，诱骗事主到自动取款机上实施转账操作，将卡内存款转入指定账户。

防范方法：请不要轻易相信，首先向当地的税务部门核实。

14.退款诈骗

犯罪分子冒充淘宝等公司客服拨打电话或者发送短信谎称受害人拍下的货品缺货，需要退款，要求购买者提供银行卡号、密码等信息，实施诈骗。

防范方法：淘宝等公司退款会退到支付宝内，不需要知道银行卡号等信息。遇到此类事情，请不要相信，直接向卖货商家咨询就知道真假。

15.破财消灾诈骗

犯罪分子事先获取事主身份、职业、手机号等资料，拨打电话自称黑社会人员，受人雇佣要加以伤害，但事主可以破财消灾，随即提供账号要求受害人汇款。

防范方法：遇到此类事情，请不要相信并第一时间向公安机关报案。

16.快递签收诈骗

犯罪分子冒充快递人员拨打事主电话，称其有快递需要签收但看不清具体地址、姓名，需提供详细信息以便送货上门。随后，通过快递送上物品(假烟或假酒)，一旦事主签收，犯罪分子再拨打电话称其已签收必须付款，且漫天要价，否则讨债公司或黑社会将找麻烦。

防范方法：遇到此类事情，请第一时间向公安机关报案并注意保存物品、语音等证据。

17.提供考题诈骗

犯罪分子向即将参加考试的考生打电话、发短信，称能提供考题或答案，不少考生急于求成，将首付款转入指定账户，后发现被骗。

防范方法：非法出售、提供、购买国家规定考试考题和答案的，均涉嫌犯罪。请遵守法律，不要参与，并及时报警。

18.中奖诈骗

犯罪分子以《我要上春晚》等热播栏目或知名企业的名义群发短信，或通过互联网发送中奖邮件，谎称将获得巨额奖品，受害人一旦与犯罪分子联系兑奖，对方即以"个人所得税""公证费""转账手续费"等各种理由要求受害人汇钱，实施连环诈骗。

防范方法："天上不会掉馅饼"。对中奖、返利等信息，请高度警惕并认真核实，不贪心、不轻信、不汇款。

19.引诱汇款诈骗

犯罪分子以群发短信的方式要求接到短信的人汇入钱款。由于一些群众正准备汇款，因此收到此类汇款诈骗信息后，未仔细核实，不假思索即把钱款打入骗子账户。

防范方法：汇款时请进一步核实对方账号、用户名的准确性。

20."网络交友"诈骗

犯罪分子通常扮演成有经济实力、事业有成的成功人士，借助婚恋、交友网站登记虚假征婚、交友信息，在取得受害人的电话号码等联系方式后，犯罪分子会用甜言蜜语迷惑事主，然后借机诈骗。

防范方法：交友时，一定要及时、认真核实对方身份。大多数受害者都是被诈骗分子的花言巧语所迷惑，切勿抱着"虚荣心""贪心""好逸恶劳"等心态来找对象，否则很容易掉入骗子为您"量身定制"的"童话般梦幻"的圈套。

21.高薪招聘诈骗

犯罪分子通过群发信息，以月工资数万元的高薪招聘某类专业人士为幌子，要求事主到指定地点面试，随后以培训费、服装费、保证金等名义实施诈骗。

防范方法： 遇到类似事件，请先通过"全国企业信用信息公示系统"查询该企业的合法性，防止上当受骗。

22.贷款诈骗

犯罪分子通过群发信息，称其可为资金短缺者提供贷款，月息低，无须担保。一旦事主信以为真，对方即以预付利息、保证金等为由实施诈骗。

防范方法： 任何不需签订合同的贷款都是不可能的。如需贷款，请选择正规融资渠道。

23.复制手机卡诈骗

犯罪分子群发信息，称可复制手机卡，监听手机通话信息，不少群众因个人需求主动联系嫌疑人，继而被对方以购买复制卡、预付款等名义骗走钱财。

防范方法： 经专家证实，单凭手机号是无法实现手机卡复制的，接到此类信息请不要相信。

24.冒充房东诈骗

犯罪分子冒充房东群发短信，称房东银行卡已换，要求将租金打入其指定账户，部分租客信以为真，将租金转出方知受骗。

防范方法： 遇到此类情况，请及时向房东本人核实账号、用户名的准确性。

25.钓鱼网站诈骗

犯罪分子以银行网银升级、低价抛售为由，要求事主登陆假冒的钓鱼网站，进而获取事主银行账户、网银密码、交易验证码等信息实施犯罪。

防范方法： 要认准官网，钓鱼网站网址与官网网址往往只有很小的差别，前面多个字母或后面多个数字，请认真识别比对。如果不能确定，可通过银行的客服电话咨询核实。

26.低价购物诈骗

犯罪分子通过互联网、手机短信发布二手车、二手电脑、海关没收物品等转让信息，一旦事主与其联系，即以"缴纳定金""交易税""手续费"等方式骗取钱财。

防范方法： 请保持警惕，不要被低价诱惑，事先要交钱的一般为虚假信息。

27.木马信息诈骗1

犯罪分子利用短信群发器、改号软件或互联网，发布10086移动商城送礼、手机积分兑换、信用卡升级等木马短信、病毒链接，引诱机主点击，盗取机主银行卡、密码，然后通过网银或制作伪卡取现实施诈骗。

28.木马信息诈骗2

犯罪分子发布木马短信、病毒链接，引诱机主点击，盗取机主QQ、微信号及密码，然后以借钱、紧急事情需用钱、指令下属汇款等方式向其亲戚朋友和同事实施诈骗。

防范方法： 不要在电话、网络上透露自己的身份信息、银行卡号、密码等重要信息；手机、电脑上的不明链接，请不要点击，防止重要信息被他人窃取；如果发现感染木马，在不使用已感染的手机、电脑操作的前提下，立即更改密码，并及时通知亲戚朋友和同事。

29.网购诈骗

犯罪分子开设虚假购物网站或网店，一旦事主下单购买商品，便称系统故障，订单出现问题，需要重新激活。随后，通过QQ发送虚假激活网址，受害人填写好账号、银行卡号、密码及验证码后，卡上金额便会不翼而飞。

防范方法： 尽量上有知名度、信用度和安全保障的网站购物，并认真核对网站网址，防止上虚假网站；在购物过程中不要点击通过网站专用聊天工具以外的方式(包括QQ、微信)发过来的链接。

30.订票诈骗

犯罪分子制作虚假的网上订票公司网页，发布订购机票、火车票等虚假信息，以较低票价引诱受害人上当。随后，再以"身份信息不全""账号被冻""订票不成功"等理由要求事主再次汇款，从而实施诈骗。

防范方法： 网上订票要尽量上官方网站、大型知名网站、熟悉的订票公司办理，以免上当受骗、耽误行程。

31.办理信用卡诈骗

犯罪分子通过短信、邮件等发送可办理高额信用卡的虚假广告，一旦事主与其联系，犯罪分子便以"手续费""中介费""保证金"等形式要求事主连续转款。

防范方法： 办理信用卡需要凭本人身份证件等资料到银行办理。即使通过银行官方网站申请，也要本人到银行网点提交身份证件等资料或银行工作人员上门核对身份无误后才能开通。所以，此类信息均为虚假，请不要相信。

32.虚构色情服务诈骗

犯罪分子在互联网上留下提供色情服务的电话，待受害人与之联系后，称需先付款才能上门提供服务，受害人将钱打到指定账户后发现被骗。

防范方法：色情服务属于违法行为。请养成健康的生活方式，遵守法律法规、遵守社会公德，也会减少自己被骗的概率。

33.收藏诈骗

犯罪分子冒充各种收藏协会或公司的名义，发短信或印制邀请函邮寄各地，称将举办拍卖会，并留下联络方式。一旦事主与其联系，则以预先缴纳评估费、保证金、场地费等名义，要求受害人将钱转入指定账户。

防范方法：遇到此类事情，请不要轻易相信，首先查询该机构的合法性，实地考察后，再做决定。

34.兑换积分诈骗

犯罪分子拨打电话谎称受害人的手机积分可以兑换智能手机，如果受害人同意兑换，对方就以补足差价等理由要求先汇款到指定账户；或者发短信提醒受害人信用卡积分可以兑换现金等，受害人按照提供的网址输入银行卡号、密码等信息后，银行账户的资金便会被转走。

防范方法：遇到此类事情，做到"四不"：不轻信、不透露个人信息、不转账汇款、不点击不明链接，要向通信企业、银行等咨询核实。

35.二维码诈骗

诈骗分子以降价、奖励为诱饵，要求受害人扫描二维码加入会员，实则二维码附带木马病毒。一旦扫描安装，木马就会盗取事主银行账号、密码等个人隐私信息，然后实施诈骗。

防范方法：不要随便扫描二维码，扫二维码后先辨别网址真假。如果不能辨别，请不要点击，以防被骗。如果发现感染木马，在不使用已感染的手机、电脑操作的前提下，立即更改银行账号密码，并重装系统。

36.微信诈骗——伪装身份诈骗

犯罪分子利用微信"附近的人"查看周围朋友情况，伪装成"高富帅"或"白富美"，骗取感情和信任后，随即以资金紧张、家人有难等理由骗取钱财。

防范方法：遇事要冷静，不要轻易相信他人，涉及金钱的事要谨慎。

37.微信诈骗——代购诈骗

犯罪分子在微信朋友圈假冒正规微商，以优惠、打折、海外代购为诱饵，待买家付款后，又以"商品被海关扣下，要加缴关税"等为由要求加付款项，以此实施诈骗。

防范方法：网上购物请使用正规安全的付款方式。

38.微信诈骗——爱心传递诈骗

犯罪分子将虚构的寻人、扶困帖子以"爱心传递"的方式发布在朋友圈里，引起不少善良网民转发，实则帖内所留联系方式绝大多数为外地号码，打过去不是吸费电话就是通讯诈骗。

防范方法：遇到此类事情，请报案并及时向腾讯公司举报，防止他人受骗。

39.微信诈骗——点赞诈骗

犯罪分子冒充商家发布"点赞有奖"信息，要求参与者将姓名、电话等个人资料发至微信平台，套取个人信息后，拨打电话声称已中奖，随后以交纳"手续费""公证费""保证金"等形式实施诈骗。

防范方法：遇到此类事情，不轻信、不转账、不汇款。

40.微信诈骗——利用公众账号诈骗

犯罪分子盗取商家公众账号或者使用假公众账号，发布虚假消息，让人信以为真，然后实施诈骗。

防范方法：遇到此类事情，不轻信、不转账、不汇款。

图片来源：https://www.sohu.com/a/142604063_168306

四、跟网络借贷说再见

1.不良网络信贷的四个"坑"

（1）虚假、片面宣传，忽视风险

目前的校园网络借贷平台，出于抢占市场的需要，普遍存在虚假、片面宣传。比如，隐瞒或模糊实际资费标准、逾期滞纳金、违约金等，学生真正签约借钱或产生了逾期后，才会意识到问题的严重性。

（2）借款实际费率普遍很高

以趣分期平台的产品"趣白条"为例，借款3000元，借款期限1个月、3个月、6个月、12个月对应的年利率分别为24.0%、17.5%、15.4%、13.5%。

据银率网数据库不完全统计，目前涉及校园借贷的平台，借款利率普遍较高。有一家湖北武汉的平台"爱上贷"，其"爱学宝"项目给出借人的收益率在20%左右，借款学生要付的年利率至少在25%以上。

（3）诱导学生过度借款

"凭学生证即可在线办理"，诸如此类，很多平台根本不考虑学生的还款能力、还款来源，这是一种极不负责任的行为。在河南大学生小郑跳楼自杀的案例中，小郑假借同学的名义就能轻易获得几十万元的贷款，可见很多平台的审核和风控几乎形同虚设。

此外，各校园贷平台之间对同一借款人的借款信息没有数据共享，同一借款人可能在多家平台同时借款，导致其负债额度过大，一旦出现问题就会比较严重。

（4）采用不文明催收手段

借钱太容易了，就会控制不住，但当还不起钱的时候，校园贷平台可就没那么好说话了。很多校园贷平台普遍存在不文明的催收手段，比如"关系催收"，学生借款时被要求填写数名同学、朋友或亲属的真实联系方式，如果不能按时还款，平台就会把其逾期信息告知该学生的关系圈，严重干扰和伤害了借款学生。这些方式是对学生权利的侵害，但却是很多平台的常态。

图片来源：https://www.sohu.com/a/128105788_105067

图片来源：https://m.sohu.com/a/284210858_100023479

图片来源：https://www.sohu.com/a/318924932_100204594

2.防范校园网贷风险的措施

校园贷的市场乱象引起了监管部门的高度关注，教育部、银监会联合印发了《关于加强校园不良网络借贷风险防范和教育引导工作的通知》。《通知》指出要加大校园不良网络借贷监管力度，这对规范校园贷市场，引导学生形成正确的消费观和健康发展，会起到积极的影响。面对疯狂的校园贷，大学生也要正确认识、把控自己，提高风险防范意识，避免上当受骗或误入歧途。

（1）要建立文明、理性、科学的消费观，拒绝过度消费、超前消费

社会心态浮躁、攀比之风盛行，也会影响到校园。如果大学生不能建立正确的消费观，就可能误入歧途。大学生的首要任务，是努力学习知识、掌握技能、提高能力，踏入社会之后才能有所成就。过早地吃喝玩乐、享受生活，只会适得其反，君不闻"少不学，老何为"？

（2）积极学习金融知识，提升金融理财实践能力，提高风险识别能力、风险防范意识

每个人都会和钱打交道，无论学什么专业，多掌握一些金融知识，提高自己的金融防范能力，对未来生活都会大有助益。有金融，就会有风险，特别是在投资理财、借贷等领域，会有很多陷阱和骗局，因此，提高风险识别能力、风险防范意识也非常重要。

（3）结合自身需要，选择最恰当、对自己最有利的借款方式

对保障性需求，国家有助学金等各项资助政策，有困难的大学生没必要碍于面子而让自己陷入困境。对一些临时性的需求，大学生可通过校园社区银行等方式解决。

（4）从校园贷平台借款，一定要了解清楚相关细节，并签订正规合同

如果一定要通过校园网贷平台借款，有如下几点需要注意：其一，选择有资质、合规的平台；其二，详细了解利率、还款期限、逾期后果等细节，避免陷入高利贷陷阱；其三，评估并制订合理的还款计划。

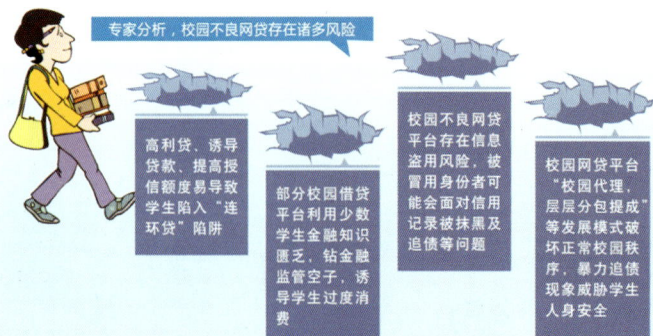

图片来源：春城晚报

校园传染病防治

春季是疾病，特别是传染性疾病的多发季节，常见的传染性疾病包括流行性感冒、流行性脑脊髓炎、麻疹、水痘、腮腺炎、风疹、猩红热等。这些传染病都是呼吸道传染病，可通过空气、短距离飞沫或接触呼吸道分泌物等途径传播。在人员较密集、相对比较集中的地方，以上疾病较容易传播，因此我们有必要对春季常见传染病的预防措施有所了解。

如何防治？

1.定时开窗，自然通风。可有效降低室内空气中微生物的数量，改善室内空气质量，可用食醋喷洒或熏蒸进行室内空气消毒，个人用品毛巾、牙刷、餐具应定期消毒或更换。

2.接种疫苗。常见的传染病现在一般都有疫苗，进行计划性人工自动免疫是预防各类传染病发生的主要环节，预防性疫苗是阻击传染病发生的最佳积极手段。

3.养成良好的卫生习惯。保持工作、生活场所卫生；饭前便后以及外出归来一定要按规定程序洗手；打喷嚏、咳嗽和清洁鼻子应用卫生纸掩盖，用过的卫生纸不要随地乱扔；勤换、勤洗、勤晒衣服、被褥；不随地吐痰，个人卫生用品切勿混用。

4.加强锻炼，增强免疫力。春天人体新陈代谢开始旺盛起来，正是运动锻炼的好时机，积极参加体育运动，经常锻炼增强抵抗力。

5.生活有规律。劳逸结合，保证睡眠，对提高自身的抵抗力相当重要。

6.衣、食细节要注意。春季气候多变，乍暖还寒，适时增减衣服；合理膳食，易清淡、高维生素、宜多食些富含优质蛋白及微量元素的食物。要减少对呼吸道的刺激，要多饮水。

7.切莫讳疾忌医。由于春季传染病初期多有类似感冒的症状，易被忽视，因此身体有不适应及时就医，特别是有发热、皮疹症状，应尽早明确诊断，及时治疗。如有传染病的情况，应立刻采取隔离措施，以免范围扩大。

小贴士

1 抗疫须知

戴口罩
正确佩戴口罩
出行必须戴口罩

吃熟食
肉类蛋类煮熟
拒绝吃生食

勤洗手
勤记清洁双手
使用七步洗手法

常通风
每天三次开窗换气
保持通风

不扎堆
不往人员
密集场所扎堆

多锻炼
在室内加强锻炼
增强免疫力

早就医
测量体温，有异常
要去正规医院就诊

莫轻视
保护自己
对他人负责

2 洗手七步法

1.掌心相对，手指并拢相互揉搓

2.手心对手背沿指缝揉搓，交替进行

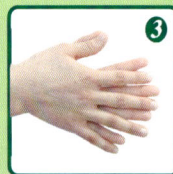

3.掌心相对，双手交叉沿指缝相互揉搓

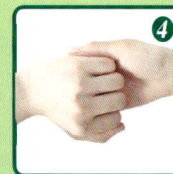

4.弯曲各手指关节，双手相扣进行揉搓

5.一手握另一手大拇指旋转揉搓，交替进行

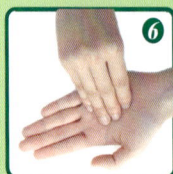

6.一手指尖在另一手掌心旋转揉搓交替进行

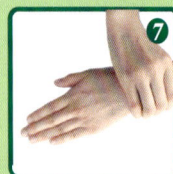

7.螺旋式擦手腕，交替进行

请注意：
- 每步至少来揉搓五次†
- 尽可能使用专业的洗手液
- 洗手时应稍加用力
- 使用流动的洁水，不应用手旋转开关水龙头
- 建议使用一次性纸巾或已消毒的毛巾擦手

在舞台上表演的艺术统称为舞台艺术,艺术类院校学生在舞台上表演艺术的时候，需要全方面的配合，才能塑造好舞台上的形象，给人们带来美好的享受，舞台的灯光音响设备是舞台艺术不可缺少的重要部分。为确保演员表演时的安全，舞台的灯光音响设备安全管理工作不容忽视。

一、表演专业舞台实训安全

要有安全意识：虽然演出的节目经过了不知多少次摔打磨练成型，娴熟表演不在话下。然而"智者千虑，难免一失"，演出时发生意外与表演者缺乏安全意识、缺乏安全保护措施不无关系。演出者演出前对可能发生的问题估计不足，一旦出现意外不能做出及时反应，所以要做好以下三条：

1.尽快熟悉场地环境；

2.熟悉舞台上各种设备的位置；

3.认真检查演出道具。

二、舞台、灯光设计专业实训安全

★ 安全使用舞台机械

舞台机械由大型机械设备组成，系统结构复杂，空中的、地下的、明处的、暗处的，各子系统相互配合工作。一般来说舞台机械主要包括主升降台、侧升降台、侧车台和升降转台以及众多灯吊杆和景吊杆。通常在大型歌舞剧制作的前期都会有一个复杂的装台、排练过程。其中一个重要工作就是安装各种景片、布景，放置道具，确定升降台及车台运动范围，在控制系统中设立各种动作的运行关系和顺序，明确并牢记每个动作的时间点，并在危险区域做好安全标识。这一切的准备工作都是为了确保舞台机械在演出过程中面对众多的演员和观众时能够正常安全地运作。

只要我们有高度的安全意识，并做好相关的标识，和演员、导演进行良好沟通，再通过细致的彩排，一般可以杜绝安全事故的发生。

★ 舞台灯光安全事故类型

1.触电

配电柜、配电箱（盘）、用电设备等接线操作不按照相关规范执行，会造成触电、打火等事故，其中包括接插件破损、电线绝缘层失效、传输线路意外损坏、用电设备无接地或接地不良等造成的触电事故。

2.断电

灯光供电系统出现漏电、短路、过载等故障，或人为操作失误，造成灯光供电回路断电。

3.火灾

设计或操作不当致使灯具与幕布距离过近而造成火灾事故。导线过热、接线端子接触不良、发热器件异常等也会造成火灾事故。

4.扎伤

观众席顶部灯具、器材掉落或光源破损等造成砸伤、扎伤观众的事故。舞台上部的灯具或器材掉落、光源破损等造成砸伤、扎伤演职人员的安全事故。

5.黑场

在演出过程中，因控制信号异常、系统不稳定、演出灯具不受控，或电力系统跳闸、调光柜不输出等原因，灯具全灭，且15分钟内不能恢复的演出事故。

6.失效

因操作失误或系统故障造成场景严重失效；因灯泡等易损件维护、更换不及时，或某些零件出现故障，或控制系统出现故障，造成场景效果或演出效果不符合设计要求的事件。

7.失灵

控制系统故障造成调光柜、灯具等失灵；控制信号失控造成数字灯具不能正常运行。

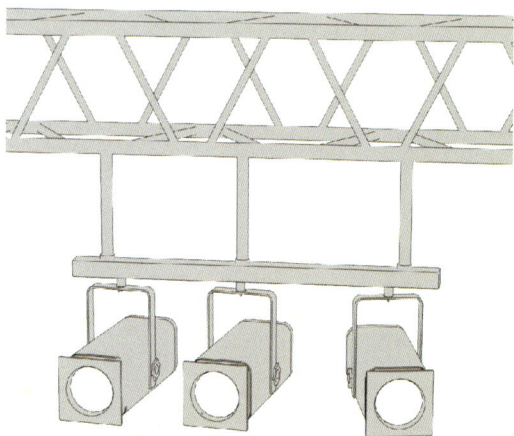

三、户外写生、考察安全

1.外出考察、写生的学生 3~4 人组成一组，每组最好有一个男生，并指定组长一名。组长负责本组人员的召集工作，要自觉履行职责。外出考察期间，各组员必须 24 小时手机开机，确保联络畅通。每人准备挂牌一个，上有名字、学号、班级、照片等个人信息，外出考察必须佩戴。

2.带好笔、本、日志表、相机、手机等，每到一处请认真观察、记录、思考，每日进行签到考勤。

3.以班为单位配置一套药品箱（腹泻药、晕车药、感冒药、退烧药、创可贴、棉球、酒精、云南白药、风油精），由生活委员统一保管。身体有任何不适要尽早寻求帮助。

4.必须带身份证、学生证、手机及充电器和适量现金，一定要贴身保管好，证件与银行卡最好分开放。手机、相机上最好贴上标签，上面标明姓名及联系方式，考察时切勿将手机、相机遗忘。

5.严格遵守时间，服从带队老师统一安排，禁止自由活动，禁止走亲访友。

6.外出考察时不围观打架骂仗，不争睹事故现场，不加入别人的赌局，不调解他人的"纠纷"，不被利益所诱惑，不去触摸不了解或不是属于自己的东西，不拾地上的钻戒、项链、宝石、钱币、奇异的物品等，不道听途说，无须"救助"乞丐。

7.警惕上当受骗。目前社会上存在着一小部分偷、诈、抢的坏人，因此，"萍水相逢"时，切忌轻易深交，勿泄"机密"以防上当受骗造成自己经济、财物上的损失。

8.忌分散活动，不要在自己感兴趣的地方停留过长时间，以组为单位保持 3~4 人一起活动，切忌单独外出。每次集合，班长和组长要负责清点好人数，发现未到位人员，要及时联系并报告带队老师。

9.爱护景点设施，禁止乱写、乱划、乱摸。维护好学校和个人的形象，无论在哪里，都要做到言行举止文明大方，不该说的话不说，不该做的事不做。

不掉队 跟组走

不好奇 不贪财

突发事件，是指突然发生，造成或者可能造成严重社会危害，需要采取应急处置措施予以应对的自然灾害、事故灾难、公共卫生事件和社会安全事件。

一、自然灾害的应对

（一）雷电灾害与防范

雷电一般产生于对流发展旺盛的积雨云中，因此常伴有强烈的阵风和暴雨，有时还伴有冰雹和龙卷风。

校园上空暴雨、电闪、雷鸣即将发生时，室外活动的学生应当立即回到教室。

雷电正在发生时，应当关好门窗，不得打电话，不要靠近室内的金属设备等。

图片来源：https://www.sohu.com/a/313287751_95962078

发生雷击事故后，不管现场有没有临时急救人员，都要立即拨打120，让专业医生组织抢救，并通知受伤学生的监护人马上赶到现场或医院。

（二）地震灾害与防范

地震是一种常见的灾害现象。地球上每年要发生500多万次，平均每天13700多次，被人们称为群灾之首。

校园防震措施：

1.照明灯具应加以固定；

2.地震时避于桌下，背向窗户，并用书包保护头部；

3.地震时切忌慌乱地冲出教室，不要慌张地上下楼梯；

4.地震时如在室外，应远离建筑物。

（三）如何预防洪灾？

洪水是指江河水量迅猛增加及水位急剧上涨的自然现象。

图片来源：http://www.myehs.cn/Article/1512.html

洪灾的应对措施：

1.预知洪水将来临时，应即时离开溪床及低地；

2.如果接到洪水警报，应快速到高地等安全处避难；

3.做好防洪准备，准备必要的医疗药品，妥善安置贵重物品，准备必要的衣服、食品、饮用水，做好自救和救援的准备。如被洪水围困，可在屋顶、树上等高处避难，不要徒步涉过水流急、水深过膝的水溪。如有条件，要积极援救周围的受困者。

图片来源：https://www.sohu.com/a/237973495_667688

（四）高温灾害的预防

高温灾害的防御措施：

1.安装空调、电扇，以改善室内闷热环境。但不要长时间待在空调房内，以防止头疼头昏等所谓"空调病"的发生。电扇不能直接对着身体的某一部位长时间吹，以防身体局部受寒。

2.浑身大汗时，不宜立即用冷水洗澡，应先擦干汗水，稍事休息后再用温水洗澡。

3.高温天气宜吃咸食，多饮凉茶、绿豆汤等，以补充因出汗失去的水分、盐分。

图片来源：http://tianqi.eastday.com/news/b92
23370535825501155.html

4.适量进行体育锻炼，以增强人体的耐热功能，提高适应高温环境的能力。

二、事故灾难的应对

（一）如何应对事故灾难？

1.保持镇静，不能因为恐慌影响了正常的判断。

2.明确自己目前是否面临危险，如有危险，做好个人防护，迅速离开危险区域。

3.如需要报警应报告最重要的内容，包括地点、时间、发生什么事件、后果等。

（二）紧急撤离危险现场时应注意什么？

1.保持镇静，明确所处位置，及时撤离。

2.善选通道，不要使用电梯。

3.迅速撤离，不要贪恋财物，重返危险境地。

4.防护自身，注意避险，如用物品遮掩身体易受伤部分，不靠近窗户玻璃，不要逆着人流前进，以避免被推倒在地。

图片来源：https://www.sohu.com/a/142274335_744186

5.紧抓固物，巧避藏身，溜边前行。拥挤时，如有可能，要抓住牢靠的东西，暂时躲避，待人群过去后迅速离开现场。

（三）困在电梯内的应对措施

首先不要惊慌，就算停电，电梯里的灯熄灭了也不要怕。因为每部电梯都设有安全装置，停电也不会失灵。这种安全装置设在电梯两旁的钢轨上，使电梯不至于掉下去。

要利用警铃或对话机求援，说明情况。若没有警铃可以打手机、拍门、叫喊或踢门，向外发求救信号。千万不要强行扳开电梯内门，或者自行爬出电梯天花板的紧急出口，否则会有危险。外面有人回应时立刻请求专人维修。如不能立刻找到电梯技工，可打电话叫消防员。消防员通常会把电梯绞上或绞下到最近的一层楼，然后打开门。就算停电，消防员也能用手动器械绞动电梯，帮助你脱险。

图片来源：http://news.xmnn.cn/xmnn/2016/06/09/100053011.shtml

电梯下坠时自我保护的最佳动作：如果电梯里有扶手，一只手紧握扶手，整个背部跟头部紧贴电梯内墙，呈一直线，膝盖呈弯曲姿势。

三、急救常识

（一）关节扭伤

关节扭伤后，不要立即按摩推拿，否则会导致肿胀扩大，伤势加重。

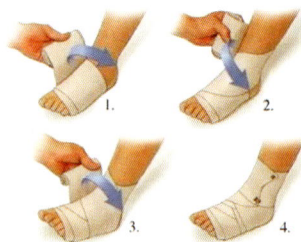

正确的急救方法：

1.把扭伤的关节立即浸5℃~10℃的冷水中，或用毛巾冷敷；

2.抬高扭伤关节体位，限制它的运动，使患部血液流量减少；

3.三天以后再进行按摩推拿，还可以适当运用药物和热敷增强疗效。

（二）刀伤的急救

人被刀或者其他利器割伤，如果伤口流血血色鲜红、流速较快，即为动脉出血，必须尽快止住。如果血色暗红，则是静脉血，也要尽快止住。如果伤口渗血，那是毛细血管出血，可以直接敷药包扎。

刀伤的急救方法有以下几种：

1.如果是较严重的刀伤，首先必须及时有效地止血，然后再送到医院；

2.先用纱布等敷料盖住伤口，再用绷带紧紧包扎；

3.在出血血管接近心脏的一端，用手指极力压迫，以达到止血的目的；

4.使关节极度弯曲压迫血管，以达到止血的目的，还可以用止血带止血；

5.无论使用哪种止血法，如果出血较多，都要在紧急救护后及时送到医院。

（三）中暑的急救

遇到中暑病人，正确的处理方法如下：

1.立即把病人抬到阴凉通风处，松解过紧的衣扣；

2.给病人饮用含盐饮料，并服用人丹、藿香正气水等解暑药品；

图片来源：https://www.sohu.com/a/107282637_166437

3.用冷毛巾湿敷头部或用50%的酒精擦浴；

4.如症状没有减轻，送医院就诊。

怎样预防中暑：

1.避免在日光下长时间暴晒或者长时间待在高温不通风的环境中；

2.外出时，在日光下要戴遮阳帽；

3.夏天，不要在日光下长时间做剧烈运动；

4.出现不适感觉应尽早到阴凉通风处休息。

随着信息技术和网络的发展、外来文化的大量涌入，思想政治领域渗透与反渗透、争夺与反争夺的斗争日趋激烈。艺术类院校学生与外界接触渠道不断增多，在不知不觉中可能被人利用，作出违反政治纪律、危害国家生存和发展的行为，对此要依法追究刑事责任。艺术类院校学生要保持警惕，坚决与危害国家和学校安全的违法行为作斗争。

一、政治性问题及其预防

政治问题是指违反政治纪律，尚不构成犯罪应当追究行政责任的危机行为。艺术类院校学生要保持清醒的政治头脑，提高拒腐防变的能力，保持政治信念上的坚定和思想道德上的纯洁，预防各类政治问题发生。

1 坚定理想信念，树立正确的人生观、价值观、世界观。

2 树立正确的荣誉观、增强辨别是非的能力。

3 养成遵纪守法的好习惯。

4 保持警惕，积极维护国家安全和学校安全。

二、敌对势力渗透破坏的方式

1.借助网络优势，传播不良信息，毒害学生心灵

2.通过电子邮件和网络聊天，利用大学生单纯心理，实施勾连策反。

3.进行心战广播，动摇大学生的政治信念。

三、做好大学生犯罪预防

1 认真学习法律知识，强化法纪观念

2 认清违法和犯罪的关系，注重品德个性修养

3 善于运用法律思维，妥善解决问题

4 科学调试心理，提高自控能力

四、艺术类学生犯罪的原因及主要特征

随着社会变革及市场经济对人们的影响，高校社会化程度的加深，艺术类院校学生在思想上、心理上的压力和负担加重，个别学生法制观念不强、安全意识淡薄，出现了日益增多的违法犯罪现象，主要表现在以下几个方面：

1.观念淡薄、无意发生

2.思想幼稚、感情用事

3.铤而走险、以身试法

4.动机单一、不计后果

5.手段智能、类型多样

如何报警？

一、如何正确拨打报警电话110？

1.要在就近的地方抓紧时间报警，越快越好。

2.打电话时，注意110接警员提示的要点，说明报警求助事项的基本情况，如时间、地点、案由或事由、当时所在的位置等。讲述情况时尽量克服焦躁情绪，吐字清楚，不夸大扭曲，如实反映。

3.如事态严重，报警人最好能告知更详尽的信息，如涉案的人数，涉案人的体态特征、携带物品和逃跑方向等。

4.报警人要报出自己的姓名、住址或工作单位，说明报警时所使用的电话号码，便于报警台与报警人联系。需要报警台为报警人保密的，报警台会采取保密措施，切实做好保护报警人安全的工作。

二、如何拨打消防报警电话119？

1.说清起火位置的准确地址；

2.说清起火部位、着火物资和火势大小；

3.说清有无人员受困；

4.说清报警人的姓名及电话，方便与消防队随时取得联系；

5.报警后，立即派人到路口迎候消防车。

三、如何拨打急救求助电话120？

1.说清现场联络人的电话、姓名；

2.说清事件发生的地点；

3.说清事件发生的性质及过程；

4.说清患者人数；

5.说清患者伤病情况（伤病种类及其严重程度）；

6.说清已采取的救治措施；

7.呼叫者应确认接听者完全接收到求助信息后才可挂断电话。

小贴士

110、119、120报警电话都是免费电话，任何有电话的单位、个人都应为报警人提供方便。

常 用 电 话

报警求助	110
火警	119
医疗急救中心	120
公安短信报警	12110
道路交通事故	122
高速公路交通事故	12122
紧急状态求助	112
水上求助专用	12395
天气预报	12121
森林火警	95119
红十字会急救	999
消费者申诉举报	12315
价格监督举报	12358
质量监督电话	12365
机构违规举报热线	12310
环保局监督电话	12369
民工维权热线	12333
供电局	95598
文化市场综合执法	12318